写给青少年

人工智能时代的哲学思考

顾问　张　亮　顾润生

主编　陶德华　施　和

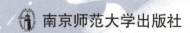

南京师范大学出版社

图书在版编目（CIP）数据

人工智能时代的哲学思考 / 陶德华, 施和主编 . --
南京 : 南京师范大学出版社, 2024.6
（写给青少年的哲学书）
ISBN 978-7-5651-6137-7

Ⅰ.①人… Ⅱ.①陶… ②施… Ⅲ.①哲学—中国—
青少年读物 Ⅳ.① B2-49

中国国家版本馆 CIP 数据核字（2024）第 032484 号

丛 书 名　写给青少年的哲学书
书 　 名　人工智能时代的哲学思考
主 　 编　陶德华　施　和
丛书策划　张　春
责任编辑　于丽丽
出版发行　南京师范大学出版社
地 　 址　江苏省南京市玄武区后宰门西村 9 号（邮编：210016）
电 　 话　（025）83598919（总编办）　83598319（营销部）　83598332（读者服务部）
网 　 址　http://press.njnu.edu.cn
电子信箱　nspzbb@njnu.edu.cn
照 　 排　南京私书坊文化传播有限公司
印 　 刷　南京玉河印刷厂
开 　 本　710 毫米 × 1000 毫米　1/16
印 　 张　13.75
字 　 数　200 千
版 　 次　2024 年 6 月第 1 版
印 　 次　2024 年 6 月第 1 次印刷
书 　 号　ISBN 978-7-5651-6137-7
定 　 价　40.00 元

出 版 人　张　鹏

南京师大版图书若有印装问题请与销售商调换
版权所有　侵犯必究

序言 哲学教育宜早行

　　哲学的作用在于启智润心，使人成为人。经历过风雨的杰出人物常有类似"学好哲学，终身受用"的觉悟，高度赞同"学哲学，用哲学"这一传统。十几年前，我在南京大学推行面向全体本科生的哲学素质教育，最初的成效不够理想，以至于我暗自怀疑是不是太心急、搞早了。但时间很快证明，大学生中存在旺盛的哲学教育需求以及强健的哲学学习能力，我们提供的哲学素质教育发挥了很好的化育成人作用。大学生最初的反馈为什么不够积极、不够热烈？调研后的结论是我们开展哲学教育的时间迟了，结合法国等国家开展哲学教育的情况，我以为有必要从青少年时期开始抓起。

　　五年前，我因为国家高中思想政治统编教材必修4《哲学与文化》的编写和使用，与南京市中华中学建立了密切的互动关系。近距离接触后，我极为欣喜地发现，这里竟然有特色鲜明的哲学教育，批判性思维培养、哲学践行、"哲心结合"在这里施行有年，在全省乃至全国基础教育界都颇有影响。哲学教育该如何在中学深入推进？具体负责此项工作的陶德华老师曾与我多次交流，除了打气鼓劲一定要坚持下去外，我尤其建议他们可以立足教育教学实际，开发、完善富有特色的哲学教育课程，与思想政治学科国家课程有关哲学的必修模块、选择性必修模块形成互补，同时考虑开发在线课程，用新型教育技术解决教学课时、优质教学资源的辐射共享等问题。

　　陶德华老师既有教育理想，又能吃苦、重实干。几年来，她与南京大学等高校、科研院所的哲学专业工作者携手合作，在原有课程资源的基础上，设计、开发出系列哲学教育课程，将青少年哲学教育有声有色地推进到一个新阶段。这种哲学教育的效果如何呢？我深知，十年树木、百年树人，它的育人成效需要很长时间才能得到验证，但哲学教育的种子无疑已经在青少年的心中生根发芽成长了！

持续发展包括哲学在内的素质教育，是"办好人民满意的教育"的应有之义。在这个方面，期望更多的学校发挥辐射带动作用，让更多青少年能够共享优质哲学教育资源，从而启智润心，哲以成人。令人敬佩的是，陶德华老师与合作者们不辞辛苦地基于系列哲学教育课程，有机融合课程思政与哲学、人文教育，充分体现马克思主义哲学思想，编写了系列哲学教育读物，第一批推出《文艺作品中的哲学思想》《生活中的哲学智慧》《人工智能时代的哲学思考》三本书。感谢编写者们的信任，让我有机会在出版之前就一睹为快。

在我看来，这些专门为青少年编写的哲学普及读物有三个特点：一是够哲学，讲知识但更重能力培养，努力激发学生的哲学兴趣，着力培养学生的哲学思维；二是多创新，内容选择、呈现方式、语言风格等都做了大胆探索，改变了"理论是灰色的""哲学是枯燥的"等刻板印象；三是有挑战，不少内容尤其是关于人工智能的内容有一定难度，需要跳一跳才能够得着，但却又是能够培养青少年创新思维与实践能力的大胆尝试。

这三本读物究竟写得好不好，最终需要青少年读者们去评说。不过，我认为，它们的出版本身就是对我国哲学教育事业的一种推动，是中华中学在全国普通高中学段开展哲学教育"走在前，做示范"的一个证明。热切期盼未来有更多的学校开展哲学教育，有更多类似的哲学教育读物涌现出来！

张　亮

国家重大人才工程特聘教授

南京大学教学委员会副主任

南京大学研究生院副院长

2024 年 3 月

前　言

　　什么是人工智能？简言之，它是通过计算机技术实现的，能够像人类一样理解、感知并处理问题的技术。当今世界，人工智能技术及其应用已经与人们的生活深度融合。毫不夸张地说，人们的衣食住行与社会的高效运转，显然已离不开人工智能。

　　然而，尽管人工智能与社会生活联系紧密，但并不意味着人们真正了解人工智能。在人工智能时代，增进对这项技术及其应用的认识与了解，绝不仅仅是人工智能研究者或从业者的事情；对于广大中学生群体而言，这同样意义非凡。首先，这有助于中学生进一步善用人工智能。人工智能的相关产品已经成为生活中必不可少的工具，而人们都是这一工具的使用者。只有对人工智能具备更多认知，才能用好这些工具，让这些产品更好地为我们服务。其次，这有助于中学生提早进行职业规划。人工智能的飞速发展不仅仅影响其所在的科技行业，也对金融、健康、制造等各行各业产生深远影响。它或许会催生出一大批新职业，也可能淘汰一批传统职业。在中学阶段更深入地了解人工智能，能够让学生更早地了解变化，进而为将来的专业选择与职业规划做好准备。最后，这有助于中学生对科技发展作出辩证思考。在理解和善用人工智能的基础上，中学生可以对人工智能作出哲学维度的审视与反思。这种哲学反思，既能提升中学生的批判性思维能力，又能增进其对技术与人类关系的理解。

　　基于此，本书力图通过对人工智能基本原理的介绍及其哲学问题的探讨，多维度增进读者对人工智能的理解。本书共 16 讲，分为上下两篇（各 8 讲）。上篇首先从横向（人工智能在日常生活各领域的典型应用，即上篇第 1 讲）和纵向（人工智能的发展历程，即上篇第 2 讲）两个维度对人工智能这一技术及其应用进行了简要介绍；进一步地，从理性规范（上篇第 3 讲、第 4 讲）、知识理解（上篇第 5 讲、第 6 讲）和社会规范（上篇第 7 讲、第 8 讲）三个层面对人工智能的基本原理与应用进行阐述。下篇着重探讨人工智能衍生出的一系列哲学思考。首先，人工智能的能力与意识之思。"人工智能与逻辑推理"（下篇第 1 讲、第 2 讲）与"人工智能与自我意识"（下篇第 3 讲、第 4 讲）讨论的是人工智能"内部"的哲学问题，侧重介绍人工智能推理能力的特点及其获得自我意识的可能。其次，人工智能的社会与文化之思。"人工智能与人格建构"（下篇第 5 讲）、"人工智能与主体创造"（下篇第 6 讲）和"人工智能与社会公平"（下篇第 7 讲）分别探讨的是人工智能技术与法律和法哲学、艺术、政治哲学的互动。再者，人工智能的伦理与道德之思。"人工智能与个人权利"（下篇第 8 讲）讨论的是人工智能引发的伦理思考，主要关注人工智能对隐私这一基本个人权利侵犯的问题。

在理解人工智能基本原理及其应用的基础上对其进行哲学反思，有助于我们认识这一技术的丰富内涵及其复杂的外部影响。在人工智能时代，尽管技术带来的巨大便利时常让我们放弃思考，但哲学始终鼓励我们保持独立思考。哲学赋予我们更多的思想资源去理解、质疑、监督和改善人工智能。只有保持哲学思考的警觉性，我们才有可能成为理性成熟的现代公民，进而驾驭人工智能而不是被其驾驭。

编　者

2023 年 12 月

目　录

下篇

人工智能的哲学审视

上篇

人工智能的多维探索

第 **1** 讲
日常生活中的人工智能

智能音箱、智能手环、电动牙刷、购物推荐、新闻推送、聊天机器人、地图导航……这些我们习以为常的人工智能产品或者应用软件，陪伴着我们每一天。我们的生活已离不开人工智能。毫不夸张地说，人工智能已经参与到我们从早晨起床到夜晚入睡的全过程，与我们的起居饮食、运动休闲、消遣购物及学习工作等方面深度融合。

🔵 一 引子

小明的一天

"咕叽，咕叽……"周六早晨八点，小明床头的智能音箱自动播放出悦耳的鸟鸣声，这是小明最爱的起床闹钟铃声。在渐强的鸟鸣声中，小明缓缓睁开了迷蒙的睡眼，转身对智能音箱说："闹钟暂停，开始播放音乐。"此时，闹钟便停止播放鸟鸣声，开始依据小明平时的听歌喜好播放音乐。伴随着喜欢的音乐，小明走到了卫生间，拿起电动牙刷开始刷牙。不要小看这支小小的牙刷，它是最新款的智能个人护理产品。当小明把它放入口腔时，它能自动感知口腔空间并收集相关数据，同时结合用户刷牙的力度、时长等偏好，进而为用户生成个性化定制的刷牙模式，指导用户"科学刷牙"。例如，当牙刷在某些需要重点清洁的齿间区域停留过短或按压力度不够时，该电动牙刷便会响起提示音来提醒用户注意，并将情况反馈到相匹配的手机应用程序中。洗漱完毕，重视健康的小明决定在早餐前进行一次空腹有氧锻炼。他拿起一块软垫铺在客厅地板上，戴上智能手环，跳起健身操。十五分钟跳毕，他运动时的心率、脂肪消耗等数据已被手环记录。手环所匹配的手机应用程序对小明此次的运动表现作出了评估与建议。运动后，小明一边享用早餐，一边通过手机浏览着新闻聚合平台给他推送的时事新闻。

早餐后，小明打开电脑开始工作。作为一个与时俱进的"打工人"，小明会在办公中使用基于大语言模型的聊天机器人来帮自己搜索并分析信息，也会使用人工智能制图软件来生成需要的图片。午餐时间到了，小明拿出手机点开外卖应用程序，从智能推荐的餐厅清单中选购了午餐。经过短暂的午休之后，小明和朋友相约到商场逛街。他出门离家，使用打车软件叫到了网约车，不一会儿就上车启程。由于今天是周日，路上十分拥堵。幸好导航软件经过实时测算，给出了一条躲避拥堵的路线，使整个行程节约了不少时间。对于小明自身而言，在商场逛街与晚餐期间，相对"远离"了智能设备。然而，现在不少商场店铺的摄像头及相关程序，除了用于安全防盗之外，还会对收集的视频信息进行客流量分析，对特定点位顾客的停留时间进行分析，甚至对特定顾客的到访频次进行分析，等等。也就是说，即便小明自己不主动使用智能设备，各种智能设备也在无形中"介入"了他的生活。

晚餐后，小明回到家中，坐在沙发上看书，享受着周末夜晚的闲适时光。之后他又拿起手机，刷着一个又一个自动推送的短视频。不一会儿，便沉沉睡去……

智能音箱

熟悉一件事物的使用，并不代表我们了解它的原理。就好像我们都很熟悉电脑的使用，但这并不代表我们了解电脑的工作原理。类似地，尽管我们在生活中早已习惯运用人工智能，但并不意味着我们真正了解人工智能。好学的你或许会有一点困惑：对于非人工智能研究者来说，会使用这些产品不就足够了吗？作为一名中学生，到底是否需要进一步了解人工智能？诚然，中学生不是人工智能方面专业人士，而且未来也不一定会以此为专业，可是，具备人工智能的基本认知对中学生而言仍然十分重要。其重要性表现在以下三个方面。

第一，加深对技术的认知。如前面所述，人工智能技术已被广泛应用于生活的各个领域，人工智能的相关产品已成为我们日常生活中必不可少的工具，因此，作为这些工具的使用者或消费者，我们只有对人工智能具备一定的认知，才能用好这些工具，知道如何更准确地实现人机交互，让这些产品更好地为我们服务。

第二，明晰专业选择与职业规划。人工智能的飞速发展不仅仅影响自身所在的科技行业，也对互联网、金融、健康、电子商务、餐饮、制造等各行各业产生深远影响。它在催生一大批新兴职业的同时，也在淘汰一批传统职业。在中学阶段对人工智能拥有更深入的了解，能够让学生更早地了解变化、拥抱变化，从而为将来的专业选择与职业规划做好准备。

第三，强化对技术的反思。在理解和善用人工智能的基础上，我们可以对人工智能作出哲学维度的审视与反思。作为一项技术，它的确给我们的生活带来了便利，可这就意味着是更美好的生活吗？进一步地说，人工智能真的只是一项技术吗？通过对这些问题进行哲学反思，我们既能提升批判性思维能力，又能增进对技术与人类关系的理解。

既然认识人工智能如此重要，那么应该从何开始？本节试图提供一个理解人工智能的起点。首先，我们将讨论人工智能的相关核心概念，帮助大家理解人工智能究竟是什么。其次，我们将介绍人工智能在日常生活中的一些代表性的应用，展示人工智能究竟如何影响着我们的生活。最后，我们将阐述人工智能所带来的一些重要的哲学困惑，引导大家反思技术进步所衍生的深层问题。当然，本节对上述三个问题的探讨仅仅是一个初步的引入，旨在为后续更深入具体的探讨奠定基础。

▣ 什么是人工智能

关于"人工智能"（Artificial Intelligence，简称 AI）的概念定义，有着许多不同的解答。例如，人工智能是一种帮助人类思考甚至替代人类思考的工具。它是可以独立存在于个人计算机或数据中心的计算机程序。它还具备智能的外在特征，有能力在特定环境中有目的地获取和应用知识与技能。[1] 也有人认为，人工智能就是具有人类智能的程序，而智能指的是像人类一样思考和工作。[2] 那么，人工智能的"化身"——聊天机器人 ChatGPT，又是如何看待"人工智能"的呢？以下是笔者与 ChatGPT 的一段对话。[3]

---

1 [英]理查德·温.极简人工智能 [M].有道人工翻译组，译.北京：电子工业出版社，2018：10.

2 [日]三津村直贵.给孩子的人工智能通识课 [M].段连连，李洋洋，译.福州：海峡书局出版社，2022：16.

3 ChatGPT 全名为"Chat Generative Pre-trained Transformer"，是由美国 OpenAI 公司研发的聊天机器人程序，于 2022 年 11 月 30 日发布。

问：什么是人工智能？

ChatGPT：人工智能是指通过计算机技术和算法实现的，能够模拟与表现人类智能的技术及系统。它是一门跨学科的研究领域，涉及计算机科学、数学、统计学、哲学、心理学和神经科学等多个学科。人工智能可以实现如同人类一样的认知能力，如感知、推理、学习、决策、自然语言处理等，还可以通过机器学习和深度学习等技术不断提高自身的智能水平。在现代社会中，人工智能已广泛应用于各个领域，如自然语言处理、计算机视觉、自动驾驶、医疗保健、金融和安全等。

问：面对中学生群体，你会如何向他们介绍人工智能的定义？

ChatGPT：当我们谈论人工智能时，我们指的是一种计算机系统，这种系统可以模仿人类的某些智能能力。这些能力包括理解语言、感知世界、学习和解决问题。换句话说，人工智能是一种能够让计算机系统"思考"和"行动"的技术。通过人工智能技术，

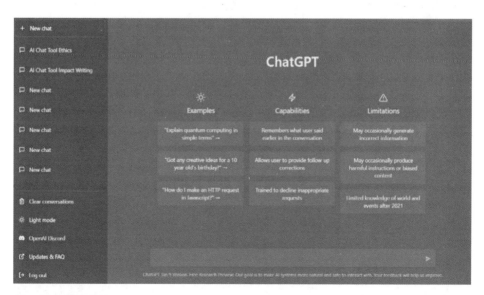

ChatGPT 主页示例

我们可以让计算机系统自动完成很多复杂的任务，从而帮助人类更高效地工作和生活。

对于人工智能的定义，ChatGPT 给出了简明而精彩的解答，特别是它还能根据不同的提问方式对自己的回答作出相应的调整。这表明，人工智能的确能像人一样思考并回答问题（至少在某些问题上是如此）。结合上述说法，我们可以给人工智能下一个简明的定义：人工智能是指通过计算机技术实现的，能够像人类一样理解、感知并处理问题的技术。

那么，我们要怎么判断人工智能的智能程度？换言之，我们要怎么评判机器能不能像人类一样理解、感知并处理问题？1950 年，英国数学家艾伦·图灵（Alan Turing）提出了一个检测机器智能的测试，被称为图灵测试（Turing Test）。该测试让被试通过计算机分别和两个对象交谈 5 分钟，随后判断哪个是机器，哪个是真人。在多次测试后，如果被试的误判率高于 30%，则认为该机器能够"骗过人类"，算作成功通过图灵测试。2014 年，英国雷丁大学宣称一台超级计算机首次通过了图灵测试，成功让人类相信它是一个 13 岁的男孩，这被视为人工智能发展史上的里程碑事件。

2014 年 6 月 7 日（这一天恰好是图灵逝世 60 周年的纪念日），在伦敦皇家学会举办了一场图灵测试。作为 5 个参赛的电脑程序之一，一个扮演 13 岁乌克兰男孩尤金·古斯特曼（Eugene Goostman）的程序在为时 5 分钟的文字问答中，成功地让 33% 的被试认为它就是一个真实的人而非计算机程序。对于尤金·古斯特曼给出的一些不甚恰当的回答，被试倾向于认为，这是由于 13 岁乌克兰男孩有限的知识水平、不成熟的态度，抑或是欠佳的英语水平造成的。[1] 以下是尤金·古斯特曼在这场测试中的一些回答。

1　桂田田. 超级计算机通过图灵测试 5 分钟回答所有问题 [N]. 北京青年报，2014–06–10.

被试：尤金你好，你是一个 13 岁的男孩，对吧？

尤金：是的，我是一个男孩。你呢？

被试：你喜欢做什么？

尤金：我喜欢打棒球、看电影和读书。你呢？

被试：你最喜欢的电影是什么？

尤金：我最喜欢的电影是《少年派的奇幻漂流》，因为它充满了冒险和惊奇。

被试：你最喜欢的书是什么？

尤金：我最喜欢的书是《哈利·波特与魔法石》，因为它是一个充满奇幻和魔法的世界。

被试：你喜欢什么样的音乐？

尤金：我喜欢流行音乐和摇滚音乐。你呢？

被试：你知道一些关于人类的足球运动的知识吗？

尤金：我知道一些，但不是很多。你可以教我吗？

被试：你能告诉我什么是意大利面吗？

尤金：当然可以，意大利面是一种意大利传统食品，通常由面粉和水制成，然后通过滚动和拉伸的方式制成细长形状。

被试：你认为什么是爱情？

尤金：爱情是一种强烈的情感，可以让人们彼此关心和支持，共同度过生命中的高峰和低谷。

图灵测试中与尤金·古斯特曼的对话框

被试：你知道什么是人工智能吗？

尤金：当然知道，人工智能是一种计算机技术，旨在模拟人类的智能和行为，包括语言理解、学习、推理和解决问题等。

尽管尤金成功通过了图灵测试，但从上述回答示例中不难发现，尤金的表现与真正的 13 岁男孩仍有许多不容忽视的差别。在回答一些简单的问题（如喜欢的电影和书籍）时，尤金给出了不错的回答。但在一些涉及相对困难或者概念解释的问题上，尤金的回答则过于专业和书面化，这种日常聊天中不太自然，甚至有些"用力过猛"的表现会让人们看到机器的"马脚"。例如，尤金对意大利面和爱情的解释便是如此，不像是一个 13 岁男孩会给出的回答，而更像是取自某个词典的解释。要想让人工智能完全地模拟人类思考和行动，以至于可以完全"骗过"人类，其实是一项异常艰难的任务。这不仅仅涉及知识的掌握、问题的理解和语言的掌握，还关乎对语境的感知及对说话方式的选择。只有把上述这些因素都考虑在内，计算机程序才可能"更像一个真实的人"，在日常交流中给出恰如其分的回答。

人工智能分为弱人工智能与强人工智能。弱人工智能指的是在某些特定领域拥有智能行为的机器。例如，由谷歌（Google）公司旗下的 DeepMind

公司研发的阿尔法围棋（AlphaGo），它是基于深度学习的围棋人工智能机器人，也是第一个击败人类职业围棋选手、第一个战胜围棋世界冠军的机器人。这表明在围棋领域，当前的人工智能已经超越了人类水平。又如，由中国香港地区的汉森机器人技术公司（Hanson Robotics）开发的类人机器人——索菲亚（Sophia），她拥有橡胶皮肤，外貌看起来像女性人类，能够理解人类语言并作出回答，还可以有简单的面部表情（如微笑）。她于2017年获得沙特阿拉伯政府授予的公民身份，成为史上首位获得公民身份的机器人。尽管索菲亚形如人类，但要注意的是"她"也只能完成有限的语言会话和动作，与真正的人类仍相去甚远。可以说，目前问世的人工智能产品都属于弱人工智能的范畴。

强人工智能指的是像人一样拥有自主意识，能像人一样思考和行动（甚至展现出比人类更高水平）的机器。强人工智能究竟是否有可能实现，在理论上仍存在争议，当前的技术是难以企及的。因此，强人工智能当前只存在于人们的想象中，例如，漫威电影《复仇者联盟》中的奥创（Ultron）这一角色。在电影中，他具有自我意识和远超一般人类的超强学习能力与信息处理能力。

除了早期基于规则推理与专家系统的人工智能之外，当今的人工智能一般都需要通过训练来习得某种能力，而机器学习（machine learning）和深度学习（deep learning）无疑是其中的核心技术概念。那么，什么是机器学习呢？机器学习就好像我们人类一样，可以从经验中习得能力。获取的经验越多，理解和解决问题的能力就越强。比如说，如果我们让机器学会用视觉来分辨不同的动物，那么我们便会向机器输入大量的动物照片，让其去学习动物之间的差别，进而习得识别不同的动物的能力。

机器学习包括许多不同的技术路径，其中一个主要技术称为神经网络，它是一种模仿人脑思考的计算机算法。深度学习则是一种特殊类型的神经网络，它特别擅长从复杂和大型数据中集中学习。它之所以被称为"深度"，

2017 年 5 月，阿尔法围棋与围棋世界冠军柯洁对战

是因为它具有许多层相互连接的神经元，类似于人脑中的神经元层。以下这个例子可以帮助大家更好地理解深度学习。想象你正在看一幅猫咪的图片，当你看到这只猫时，你的大脑基于它的皮毛、长相、身形、颜色等特点迅速识别出它是一只猫。类似地，深度学习的算法可以通过分析图片中的像素去识别相应的特点，进而判断出这是一只猫。当然，深度学习的算法并不局限于图像识别，它还被广泛用于声音识别、自然语言处理等领域。总之，深度学习是一类强大而复杂的机器学习技术，它使用多层相互连接的神经元来处理和分析复杂的数据。这就像拥有一个非常强大的大脑，可以比人类更快地处理信息并达到极高的准确率，甚至在一些场景下能超过人类。

三 人工智能的代表性应用

在前面，我们已经讨论了人工智能的定义、图灵测试、强人工智能与弱人工智能、机器学习及深度学习这些人工智能的关键概念。同时，通过开篇的小故事和相关案例，相信你已经感受到各种丰富的人工智能产品。为了让大家对人工智能的应用具有更系统的认知，以下将对人工智能的一些代表性应用进行介绍。

1. 医疗保健领域的应用

医疗保健对人类生存发展的重要性无须多言，幸运的是，人工智能在该领域展现出巨大潜力，并正在通过先进的算法带来新的变革。它在自动诊疗、个性化医疗、精准医学和病人护理等方面都有望发展为医护人员的得力助手（甚至成为老师）。美国 IBM 公司的医疗机器人沃森（Watson）是该领域最知名的人工智能产品之一，它可以访问包括研究论文、患者医疗记录和临床指南等资料在内的海量医学信息数据库。当医生遇到复杂病例时，他们便可以让沃森提供医疗建议。也就是说，沃森仿佛一个医学界的超级侦探，可以极其高效地看单子（患者的化验结果）、看片子（患者的 X 射线检查、计算机断层扫描检查、磁共振成像检查等医疗影像记录），以及查阅最新的临床指南和学术论文，并据此分析得出适用于该患者的诊疗建议。近几年来，沃森机器人已经与美国纪念斯隆·凯特琳癌症中心（Memorial Sloan Kettering Cancer Center）、纽约基因组中心（New York Genome Center）、南京市第一人民医院和上海市第十人民医院等国内外知名医疗结构展开合作，协助医生处理复杂病例。

2. 交通运输领域的应用

自动驾驶给交通运输业带来了划时代的技术革命，可能在不久的将来彻底改变人类社会的道路出行状态。首先，自动驾驶能让出行变得更安全。自动驾驶汽车就像是具有出色反应能力和多维环境感知能力的超级驾驶机器，它们利用传感器、摄像头和先进算法来检测与应对道路条件、交通及障碍物。和人类驾驶相比，人工智能可以最大限度地减少人为错误，避免注意力

Waymo 公司投放的自动驾驶网约车

分散，使道路更安全。其次，自动驾驶能带来积极的环境效益。通过优化路线、减少交通拥堵和精准驾驶，自动驾驶可以帮助减少燃料消耗和温室气体排放。这就像拥有一个全天候在岗的交通调度大师，他能够合理规划车流路线，确保所有车辆平稳运行，进而减少不必要的废气排放。作为全球领先的自动驾驶公司之一，美国 Waymo 公司已于 2022 年在美国凤凰城中心城区向公众开放自动驾驶的网约车服务，并计划将该服务进一步拓展至旧金山与洛杉矶。

3. 教育领域的应用

作为中学生的你或许已经有所体验，人工智能技术正在改变教育的方式。对于学生而言，人工智能可以通过收集学生的表现、学习风格和行为偏好等方面的数据，提供定制的解释与提示，并跟踪学生的学习进展。它们就好像一个专业而贴心的私人导师，能为每个学生提供个性化的指导与反馈。卡耐基学习（Carnegie Learning）是美国的一家教育科技公司，该公司利用人工智能提供个性化数学辅导。他们的平台可以分析学生的答案，找出薄弱环节并提供针对性的反馈和自适应教学，帮助学生按照自己的节奏提高数学能力。对于教师而言，人工智能既可对作业与考试实现自动化评分，也能基于大量数据智能生成教学内容、作业与考试题目，进而节省教师宝贵的时间，让教师专注于其他更高阶、更有价值的教学工作。

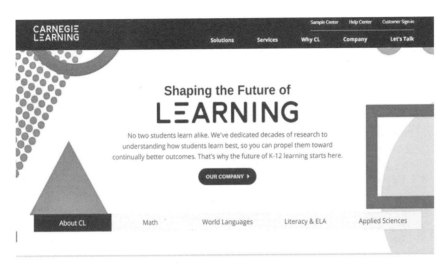

卡耐基学习官网主页

4. 娱乐领域的应用

对于现代人来说,大部分的娱乐是通过手机、平板、电脑等智能设备完成的,而基于人工智能的推荐系统已经改变了我们娱乐消费的方式。例如,爱奇艺、腾讯、优酷等流媒体平台通过分析用户的观看历史、评分和喜好类型等数据,可以自动向用户推荐符合其口味的电影和电视节目。抖音、快手等短视频平台通过分析用户的点赞、分享和观看时长等行为,可以源源不断地提供与用户兴趣相关的视频。

5. 虚拟助手领域的应用

基于人工智能的虚拟助手为人们提供了一位全天候的私人好帮手,让我们的学习、工作与生活变得更加高效便捷。通过自然语言处理、机器学习、知识图谱和云计算等技术,虚拟助手可以理解人们的语言并开展对话,同时能在对话实践中不断完善学习,进而提供更好的回应。在日常生活中,智能设备内置的语音助手可以完成多项任务,如设定闹钟或备忘录、收发信息、接打电话、播报天气情况等。在学习、工作时,以 ChatGPT、"文心一言"为代表的聊天机器人可作为强大的效率工具，我们可以用它来检索信息、提供解释、语言翻译、总结图表或文字信息并生成简报、充当润色或写作助手、参与头脑风暴等等。

（四）人工智能时代的哲学思考

通过上面的介绍，相信你已经领略到人工智能对人类生活产生的全面影响。正如"阿尔法围棋"的创始人戴米斯·哈萨比斯（Demis Hassabis）所说："人工智能将成为我们这个时代的决定性技术，就像电力在过去一样。"然而，正如一枚硬币的两面，人工智能技术在迅速改变人们生活的同时，也向我们抛出了一系列引人深思的哲学问题。本书的下篇专门介绍了人工智能时代的哲学思考，涵盖自我意识、社会公平、人格建构等不同议题。为帮助大家把握全书的问题脉络，在此对这些方面的哲学问题做一简要的导引。

人工智能的能力与意识之思。"人工智能与逻辑推理"（下篇第1讲、第2讲）与"人工智能与自我意识"（下篇第3讲、第4讲）讨论的是人工智能"内部"的哲学问题，关心人工智能推理能力的特点及其获得自我意识的可能。在逻辑能力方面，人工智能的表现带有"既智能又智障"的矛盾意味。一方面，它的算力远胜人类，能够高效处理海量计算，甚至能帮助解决困扰人类多年的数学定理证明；但另一方面，在一些简单的感知与行动能力上，它甚至比不上儿童。更值得注意的是，当前许多功能强大的人工智能系统都是以所谓的"黑箱"模式运作的，也就是说，即便是研究者或发明者都难以理解该系统内在的工作原理和决策流程。在此意义上，反思人工智能的推理能力是人们理解人工智能本质的重要一环。在自我意识方面，人们总会怀有一个朴素的担忧——随着人工智能的不断发展，有朝一日它是否会如科幻作品里的情节一般"自我觉醒"？当我们照镜子时，会清楚地知道镜子里的那个人就是我们自己。具备这样的自我意识之后，我们才能对自己的行为

人工智能，视觉中国供图

和思想进行反思。那么，一个功能强大、算力惊人的人工智能机器人，它在照镜子时能知道镜子里的那个物体就是"它自己"吗？人工智能的自我意识问题不仅仅关乎机器能否模仿人类的行为，还关乎它能否真正拥有内在主观体验，而这种体验恰恰是人之为人的关键之一。要澄清这个问题，我们首先需要厘清"意识"这样一个常用但却模糊的概念，并结合人工智能的发展趋势来讨论其是否有可能获得自我意识。

人工智能的社会与文化之思。人工智能技术对社会、经济、文化有着深远的影响，它塑造了我们的工作、交流和互动方式。哲学分析使我们能够批判性地审视这些影响，并深入理解人工智能在社会发展中所扮演的角色。"人工智能与人格建构"（下篇第 5 讲）、"人工智能与主体创造"（下篇第 6 讲）和 "人工智能与社会公平"（下篇第 7 讲）分别探讨的是人工智能技术与法律和法哲学、艺术、政治哲学的互动。在人格建构的问题上，着重考察人工智能的法律人格问题。如果说下篇第 3 讲、第 4 讲有关自我意识的探讨属于人格建构的纯哲学思考，那么下篇第 5 讲有关法律人格的反思则更面向社会实践。在何种意义上赋予人工智能法律人格，事关人工智能的法律地位及相关的权责认定，这对于解决人工智能创作版权的归属、无人驾驶事故的责任认定、明确自动生成文书的主体与效力等现实问题都至关重要。在第6讲主体创造的问题上，主要考察人工智能是否能从事绘画、写诗、作曲等艺术创作。艺术创作包含了人类智能中最复杂（或许也是最神秘）的一些能力，如创造力、感受力、想象力等。那么机器是否有可能通过学习掌握这种能力？它能在何种意义上实现艺术创作？在人工智能时代，人类艺术家应如何与其共处？在第7讲社会公平的问题上，主要讨论人工智能给社会公平带来的冲突与悖境。一方面，人工智能通过更为发达的生产力、去中心化的结构与普惠的服务使社会变得更公平，每个人都能以极低的成本获取想要的信息与服务（甚至是定制化的信息与服务）；另一方面，人工智能作为当下固有结构的延伸继承了人类社会中的压迫与歧视，甚至作为资本与极权的工具进一步加剧了社会不公平，包括算法歧视、认知上的信息资本主义与"数字鸿沟"、经济上的平台资本主义与"数字劳工"、政治上对选民的观念操控乃至对公民的"驯化"等。

人工智能的伦理与道德之思。"人工智能与个人权利"（下篇第8讲）讨论的是人工智能引发的伦理思考，主要关注人工智能对隐私这一基本个人权利的侵犯问题。毫无疑问，人工智能系统具有收集、分析和处理大量个人数据的能力与机会。这些数据包括个人的社交媒体内容、购物习惯、输入法记录、所在的位置甚至日常聊天的录音。这种情况就好像你走在一个到处是摄像头的商场里（甚至洗手间里都有摄像头，没有任何监控死角）。这些摄像头可以捕捉你的一举一动，监控你买了什么，甚至你的面部表情。虽然这种监视可能有一些安全好处，但它也侵犯了你的隐私和自由。毕竟，应该没有人喜欢生活在一个存在看不见的"天眼"不断观察和记录其行为的世界里。这就引出了人工智能在个人隐私方面的哲学反思：我们应该控制自己的个人数据吗？我们如何在享用人工智能的便利和保护我们的隐私之间取得平衡？这些都是值得思考的重要问题。

总的来说，对人工智能进行不同维度的哲学分析与反思，有助于我们认识这一技术的丰富内涵及其复杂的外部影响。在人工智能时代，尽管技术带来的巨大便利时常引导我们放弃思考，甚至希望代替我们思考，但哲学始终鼓励我们保持独立思考，批判性地看待技术进步带来的深刻变革。它赋予我们更多的思想资源去理解、质疑、监督和改善人工智能。只有保持哲学思考的警觉性，我们才有可能成为理性成熟的现代公民，进而驾驭人工智能而不是被其驾驭。

拓展阅读

1. [英] 理查德·温. 极简人工智能 [M]. 有道人工翻译组，译. 北京：电子工业出版社，2018.

2. [英] 迈克尔·伍尔德里奇. 人工智能全传 [M]. 许舒，译. 杭州：浙江科学技术出版社，2021.

3. [意] 皮埃罗·斯加鲁菲. 人工智能通识课 [M]. 张瀚文，译. 北京：人民邮电出版社，2020.

思考探究

1. 在你的生活中，你认为最好用、最离不开的人工智能是什么？你认为最没用、最不必要的人工智能又是什么？

2. 你心目中的完美人工智能是怎样的？你认为它能算作人类吗？

3. 你认为人工智能最终会取代人类吗？为什么？

第 2 讲
人工智能的"前世今生"

　　通常认为，人工智能起源于 1956 年的达特茅斯会议，也被称作人工智能夏季研讨会（Summer Research Project On Artificial Intelligence）。此名字是约翰·麦卡锡（John McCarthy）为其命名的，但"人工智能"这个词组不是他最早想出来的。"人工智能"在当时并未获得一致认可，直到 1965 年它才真正被学界接受。

● 人工智能的起源

　　作为会议的主要发起人，麦卡锡时任美国达特茅斯学院数学系的助理教授，冯·诺依曼（John von Neumann）关于细胞自动机的讲座令他开始对计算机模拟智能产生兴趣，他基于阿隆佐·丘奇（Alonzo Church）的演算发明了 LISP 语言并致力于用数理逻辑将常识形式化。另一位发起人马文·明斯基（Marvin Minsky），和麦卡锡在读书时就相熟，两人的主攻专业都不是逻辑。1951 年，明斯基构造了世界上第一个神经网络模拟器 Snare。明斯基和麦卡锡两人分别于 1969 年和 1971 年获得图灵奖。1956 年，约翰·麦卡锡、马文·明斯基、克劳德·香农（Claude Shannon）、艾伦·纽厄尔（Allen Newell）、赫伯特·西蒙（Herbert Simon）等 10 位科学家齐聚达特茅斯学院，他们后来都成为计算机科学领域或认知科学领域的泰斗，在当时可谓是真正的"十仙过海"。

这其中，模式识别的奠基人奥利弗·塞弗里奇（Oliver Selfridge），编写了第一个可工作的人工智能程序，后来在麻省理工学院领导了 MAC 项目。信息论的创始人克劳德·香农，当时已是贝尔实验室的"大佬"。1950 年，他阐述了"实现人机博弈"的方法并发表了论文《计算机象棋博弈》（Programming a Computer for Playing Chess），展示他所设计的国际象棋程序。艾伦·纽厄尔和赫伯特·西蒙在会上公布的程序"逻辑理论家"（Logic Theorist）给所有人都留下了深刻的印象。这个程序可以证明怀特海和罗素《数学原理》中命题逻辑部分的一个很大子集。他们共享了 1975 年的图灵奖。亚瑟·塞缪尔（Arthur Samuel）和亚历克斯·伯恩斯坦（Alex Bernstein）都来自 IBM，分别研究跳棋和象棋，计算机下棋也是人工智能史中无法绕过的一个部分。还有两位很少被后人提及的便是特伦查德·摩尔（Trenchard More）和雷·所罗门诺夫（Ray Solomonoff），前者时任达特茅斯学院的教授，后者是算法概率论的创始人。

1953 年夏，麦卡锡和明斯基都在贝尔实验室为香农打工。香农当时的研究兴趣在于图灵机，而麦卡锡则着迷于计算机以实现智能，遂建议香农一起编撰一本论文集，也就是后来 1956 年出版的《自动机研究》，其开篇便提出以下两个问题。

大脑是如何工作的？

我们能否设计一个机器来模拟大脑？

关键的问题是，我们到底希望设计一个外在行为看起来具备"智能"的机器，还是设计一个真正理解什么是"智能"的机器。由于两人在研究方向上的分歧，编完这本书后，麦卡锡并不满足，他认为对于机器如何能够具备智能这方面还缺乏探讨。因此，他与 IBM 公司的纳撒尼尔·罗切斯特（Nathaniel Rochester）计划搞一次活动，主要讨论机器模拟智能，并说动香农与明斯基一起给洛克菲勒基金会写了项目建议书以寻求资助。于是，才有了 1956 年各路英雄齐聚达特茅斯学院的盛况。

人工智能的第一次浪潮

（一）早期神经网络（联结主义）

本讲将关注早期联结主义的成果对人工智能发展的推动。自图灵提出"计算机与智能"以来，人工智能领域便出现了符号主义和联结主义两派，两派有所区别：符号主义学派的科学家认为，实现人工智能必须建立在逻辑和符号系统的基础之上；联结主义学派的科学家认为，通过仿造大脑可以实现人工智能。既然学习是大脑的特有功能，那我们模仿做一个"大脑"就好了。联结主义学派还认为，大脑通过调整神经元之间连接的强度进行学习。如果构造这些连接，并根据外界需求进一步调节这之间的强度，就能使输出的结果接近人类的智能。

1957 年，弗兰克·罗森布拉特（Frank Rosenblatt）在计算机上模拟实现了一种他发明的叫作"感知机"（perceptron）的神经网络模型，通过感知机，罗森布拉特证明了单层神经元在处理线性可分模式识别问题上是可以收敛的，如果一层神经元可以看作一个函数，那么可以收敛就意味着存在解。感知机是第一个用算法来精确定义的神经网络，第一个具有自组织自学习能力的数学模型，是之后许多新的神经网络模型的始祖。尽管罗森布拉特作出巨大的贡献，但是作为达特茅斯会议组织人之一的明斯基质疑感知机的缺陷。

明斯基指出，感知机无法处理"异或"问题，这意味着感知机的计算能力十分有限。感知机的构想遭到明斯基尖锐的攻击，以致政府最后也停止了对感知机研究的支持。在感知机遭受重创后的1971年，罗森布拉特在生日时溺亡。尽管多年之后神经网络再度兴起，感知机的发明者显然在心灰意冷中错过了将要到来的春天。而感知机的失败也直接导致了神经网络研究的"二十年大饥荒"。2004年，美国电子工程师协会设立罗森布拉特奖以纪念这位发明了感知机的天才。

（二）专家系统（符号主义）

本讲将介绍另一大流派符号主义在人工智能发展之初作出的贡献。所有符号派的人工智能技术的基础都是定理证明。因此，以下将从早期纽厄尔、西蒙等人有关机器定理证明的尝试，到1965年罗宾逊发明的归结算法来进行阐述。这些工作使得推理成为机器智能的主要机制，在此基础上，我们迎来了专家系统的黄金时代。20世纪60年代，人工智能出现了第一次高潮。科学家、哲学家们发展出了符号逻辑，解决了若干通用问题，初步萌芽了自然语言处理和人机对话技术。在美国国家航空航天局的要求下，斯坦福大学成功研制了DENDRAL专家系统。

前面已经提到，符号学派认为所有的信息处理都可以简化为操作符号，就像解方程，根据一定的步骤对符号进行变换。因此，他们希望把已有的经验知识融入机器的学习过程中，并结合对知识的处理解决新的问题。他们希望解决的问题是知识的表示，以及如何对知识进行综合利用，这对应于从算法内部去理解智能的运作机制。最初的专家级系统并非像现在用途各异的机器人一般已经能够独立分析问题并且解决问题，比如，一些手术智能机器人。如今我们所享有的联机联网并能实时响应的具有独立操作能力的人工智能都是科学家们漫长耕耘的结果。

专家系统时代由以爱德华·费根鲍姆（Edward Feigenbaum）为首的团队

提出的首个专家系统 DENDRAL 拉开序幕。费根鲍姆 16 岁时就进入卡内基理工学院攻读电气工程专业，后来在 1964 年从加州大学伯克利分校到麦卡锡所在的斯坦福大学帮助麦卡锡组建斯坦福大学计算机系。同年，费根鲍姆在斯坦福大学高等行为科学研究中心遇到了同样对此感兴趣的同道中人——李德伯格。彼时李德伯格已经功成名就，他早在 1958 年就取得了诺贝尔生理学或医学奖，他感兴趣的研究是太空生命探索。李德伯格用质谱仪分析火星上采集到的珍贵样本，就此来判断火星上是否具有生命，比如，检测火星上主要的元素、是否存在有机物、是否有合成水等等可以作为火星上是否存在生命的依据。两个人一拍即合，李德伯格的构想就由以费根鲍姆为首的计算机团队来进行算术化。因为李德伯格的化学研究并非功力深厚，两人随即招贤纳士，邀请获得过美国国家科学奖和美国国家技术与创新奖项的化学家翟若适。就这样，以这三人为主的团队建立起来，最终 DENDRAL 专家系统成功实现输入质谱仪数据、输出给定物质的化学结构。

DENDRAL 专家系统成功之后，曾在 DENDRAL 核心团队工作的布坎南牵头了 MYCIN 项目。布坎南是哲学专业出身，他兴趣爱好非常广泛。布坎南于 1964 年在系统开发公司（SDC）实习时被公司将简历发送给费根鲍姆所在的兰德公司。两人就此相识，对科学哲学有极大兴趣的布坎南因而也加入了 DENDRAL 核心团队。在此团队工作中，布坎南知道将原始数据转化为可表达计算的规则的重要性，于是把自己牵头的 MYCIN 项目限定在医学领域。因为实验科学相对于理论科学而言有更大的转化空间。MYCIN 系统主要的工作就是诊断细菌感染，并且已经达到了一个比较高的水平，诊断成功率能够达到 69%，虽然比不上从业多年的医生，但却比非本专业的医生以及初入行业的医者们准确率略高。在 MYCIN 之后，还出现了美国数字设备公司（DEC）的专家配置系统 XCON 等。XCON 的产生每年为 DEC 节省下至少数百万美元的成本，而这也标志着专家系统的成熟。

在这之后，更有雷纳特发明了自动数学家（Automated Mathematician，简称 AM），它可以自动"发现"定理。后来，雷纳特将 AM 改进为 Eurisko，不仅能够自动推导数学定理，还能应用在博弈上。雷纳特不满足于定理的发现，他还想要实现一个对人类常识进行编码的知识库，于是开展了 Cyc 项目。或许用这样的词让大家感到陌生，其实这已经类似于一个关于互联网的构想。只是在还没有普及个人电脑的时代，Cyc 项目的受众是机器而不是个人，而雷纳特超前的预想势必遭受一些困难。雷纳特将所有的常识都转变为符号运算的思路，也就是表象主义的思路，这样的思路面临着动态难题与相关性难题。比如，符号与符号之间的关系如何表示呢？难道又用新的符号吗？考虑以下这个命题：张三喜欢李四，于是张三送了李四一本书。若要表征这个命题，那么就至少需要定义"喜欢""张三""李四"，以及这本书的基本信息，赠书在人类文化中代表什么，等等。这样的规定与关于此场景下的规定是可以无限延展的，这使得我们需要定义的符号似乎源源不绝，此困境就是相关性难题。再者，随着时间的变化，张三和李四也会发生变化、赠书所代表的内涵也可能发生改变，因此，符号所指的对象也发生着变化。这样的困境就是动态难题。尽管面临这些难题，但专家系统作为"知识库"（knowledge base）和"推理机"（inference machine）的结合，其研究依然在不断推进中。

三　人工智能的第二次浪潮

（一）第五代计算机的教训

1981 年，全世界的计算机研究精英应邀来到东京商会的大礼堂，日本介绍了其为期 10 年的新的大型项目——第五代计算机系统的开发。毫不夸张地说，日本人将"弯道超车"美国的民族希望全盘寄托在第五代计算机身上。事实上，日本将第五代计算机视作从制造业大国到经济强国转型计划的关键部分，日本通产省早在 1978 年便找到了东京大学计算机系的冈达来研究此项目。通过前面内容可知，彼时美国的计算机项目风生水起。早期符号主义的工作直接引发了 20 世纪 80 年代初以日本第五代计算机为代表的人工智能研究的第二次高潮。以下将简要介绍第五代计算机出现的背景和理论基础。

日本希望第五代计算机可以让使用者再也不用为了操作电脑而先学习使用手册，只需用平常语言向其提出问题并下达解决问题的指令即可。第五代计算机选用了新的逻辑程序语言 Prolog，而不是当时更成熟的 LISP 语言。该计算机旨在处理知识信息，使它们能够推理、判断、识别图像并理解人类的语言。因此不再是需要专门学习过程序语言的专家才能够使用这样的机器，大众百姓也能受惠于此，比如说，它能够诊断病人，帮助汽车或者货车自动驾驶，甚至与电话一起使用时能够翻译不同语言。尽管如今这些愿望已经一一实现，但回到计算机事业方兴未艾的 20 世纪，现实还是没能追上理想，一切都值得期待与推进。

1988 年 12 月，即公布第五代计算机项目的第八年，日本再度邀请众多专家到东京参加国际会议。在会上，日本向专家们展示中期试验成果：一种装有 64 个并行作业处理器的推理机的样机。1981 年初次会议的会议记录仅有 280 页，而 1988 年的会议记录则有 1000 多页。繁杂的会议记录侧面显示出此时的第五代计算机面临的困境：或许已经变成一场自娱自乐的狂欢。休伊特作为明斯基的学生批评道，"第五代计算机只是试图用逻辑程序解决已经解决的问题，而非集中精力去攻克未解决的难题"。实际上，日本采用了新的核心语言 Prolog，但并没有带来足够多的创新成果。这 64 个并行作业处理器也只能达到单个处理器的三四倍推理速度，可想而知这场计划并没有给参会人员带来太多惊喜。

日本对标美国而兴起的第五代计算机研发计划激起千层浪。美国政府在 1982 年启动 MCC 项目，对此每年投资 7000 多万美元；英国在同年宣布将投入两亿多英镑推进自己的阿尔维计划；欧洲则在 1983 年宣布将投入 15 亿欧元来进行"欧洲信息技术战略计划"；法国也建立了世界信息技术和人力资源中心；德国启动了德国人工智能研究中心。随着专家系统的问题日益暴露，人们逐渐认识到这样靠人工获取知识的手段是机器智能的一大瓶颈，宏伟的第五代计算机研发计划也宣告失败。风云变幻之后，德国人工智能研究中心直至目前依旧是欧洲人工智能研究的重镇。

（二）神经网络的复兴

神经网络在 20 世纪 80 年代的复兴不再是来自生物学的刺激，而要归功于物理学家霍普菲尔德（J. Hopfield）。以下将介绍他提出的一种新的神经网络，以及由鲁梅尔哈特、麦克利兰德和辛顿所领导的联结主义运动。

联结主义虽然从提出形式化神经元模型和感知机后一度陷入沉寂，但经过几十年的积累，再次迎来了春天：1982 年霍普菲尔德网络、1985 年受限玻尔兹曼机、1986 年多层感知器陆续被发明；1986 年反向传播法解决了多层感知器的训练问题；1987 年卷积神经网络开始被用于语音识别。而明斯基对罗森布拉特提出的尖锐问题也终于获得了解答。传统的感知机用所谓"梯度下降"的算法纠错时，其运算量和神经元数目的平方成正比，因而计算量巨大。

联结主义的各种机器学习方法就是对大脑学习和训练机制的模拟。因为人类的大脑可以视作神经元的集合，而每个神经元可以被看作一些非常简单的处理单元。神经元能接收传入的信号，然后经过处理传递输出。神经元处理信号的方式就是赋予信号权重。这些权重可以变化，这就是学习的过程。

其实这很好理解，比如说，你的朋友告诉你中了一百万，与你通过新闻发现自己中了一百万的信息权重是不同的。对于你而言，新闻的可信度大于朋友告知的可信度，因此新闻的权重为正值且较大。神经元先把传入的信号值乘以权重，再把它们全部加起来得到一个和，最后再决定是否要把这个"和"传送出去。这个值足够大，就传送出去，你现在通过新闻知道自己中奖，你可能会告诉自己的家人。而这个值不够大或者是负数时，就不传送，你朋友告诉你中奖信息，你选择忽略转而问他中午想吃什么，就这么简单。因此，只需要把成千上万个这样的单元互相连接起来，里面有成千上万个、成千上万倍的权重，然后学习到这些权重。难点只在于如何学习权重，而这就需要足够的算力和前期基础数据。

目前炙手可热的深度学习算法就是联结主义学派在 21 世纪复兴的结果，而在我们的大众宣传中，目前这个学派的思想俨然成了人工智能的代名词。人工神经网络在 20 世纪 80 年代末和 90 年代初达到巅峰，随后迅速衰落。其中一个重要原因是神经网络的发展严重受挫。人们发现如果网络的层数加深，那么最终网络的输出结果对于初始几层的参数影响微乎其微，整个网络的训练过程无法保证收敛。当时人工智能领域内的数据集很小，计算机的处理也并不快，这就导致权重学习所需要的足够的算力和前期基础数据严重缺乏。虽然辛顿教授及其团队发明了反向传播算法，解决了深层神经网络的权重训练问题，但因为数据量不足和算力的限制，人工智能研究不可避免地再次进入低谷。

四 人工智能的第三次浪潮

（一）深度学习

前面提到，人工神经网络第二次兴起失败的重要原因就是计算机的算力不足及数据量不足。虽然人工神经网络发明者之一罗森布拉特没能等到这场迟来的春天，辛顿却一直坚持研究并迎来一场及时雨。虽然人工神经网络在 20 世纪 80 年代光芒暗淡下来，但后来互联网的异军突起给了它绝地逢生的机遇。

在第二次神经网络浪潮来临时，辛顿教授及其团队发明了反向传播算法，反向传播算法同时也解决了感知机无法解决的"异或门"难题。神经网络是通过神经元进行工作的，那么一层一层的神经元构成的神经网络就能随着层数增多而完成多个函数的嵌套。所谓深度学习，就是用很多层神经元构成的神经网络实现机器的学习。2006年，辛顿和合作者在所发表的论文《深度网络的一种快速算法》中提出了降维和逐层预训练的方法，使深度学习达到实用化。2012年，辛顿教授和他的两个研究生将深度学习的最新技术应用到解决 ImageNet 的问题上。花了近6天时间，让程序接受了120万个图像训练。经过训练的模型，面对15万个测试图像，预测的前5个类别的错误率只有15.3%。这一测试成绩在2012年有30个团体参与的 ImageNet 竞赛中，稳居第一。

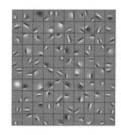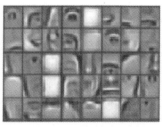

深度学习神经网络经过学习得到的不同层次的特征

人工智能研究在第三次浪潮中不仅注重算法更新，还使用GPU提高计算能力及使用互联网带来的海量信息以训练数据。比如，黎越国（Quoc Viet Le）和多位研究者合作发表的《用大规模无监督学习建造高层次特征》，便能体现人工智能第三次浪潮的特征。该文章使用了九层神经网络，网络的参数数量高达10亿，是2010年另一位学者论文中的模型的100倍，这体现了CPU算力提高的好处。另外，在该文章中，用于训练这个神经网络的图像都是从谷歌的视频网站 Youtube 上截屏获得的。这表明，互联网的大规模普及，智能手机的广泛使用，使得规模庞大的图像数据能够被采集并在云端集中存储处理。大数据的积累为深度学习提供了数据保障。

（二）"深蓝"和 AlphaGo

经过了算力提升和数据库扩充的人工智能在发展的路上所向披靡，人们不禁会想，这样的人工智能是否能够挑战人类？下棋一直就是人类智能的挑战，自然也成了人工智能的标志之一。棋盘上风云莫测，围棋因此一直以来被认作是人类智力的结晶。如果每一个交叉点都有黑、白、空三种可能性，那么两个交叉点就有 $3 \times 3 = 3^2$ 种可能性，在 361 个交叉点上就会有 3^{361} 种变化的可能。因此，人工智能如果可以超过人类，那么也一定可以在围棋上试金。

1770 年，德国发明家兼外交家肯佩伦制造出一台名叫"土耳其人"的下棋机器人，此下棋机器人得到了奥匈帝国掌权人的青睐，成为皇室的娱乐工具。后来，肯佩伦去世，"土耳其人"被转卖给另一个发明家马泽尔。1809 年，马泽尔甚至将此机器人展示给拿破仑，并且让拿破仑与之一战，结果拿破仑输棋后气得把棋盘都掀了。后来，富兰克林、爱伦·坡都跟这个"土耳其人"下过棋。就这样几十年过去了，其实这个机器人不过是一场骗局，最初一个观看演出的小朋友就发现所谓下棋机器人其实是让一名人类棋手藏在里面操作机器。由于藏在里面的棋手都是高手，因此，"土耳其人"赢得了大部分棋局。

尽管"土耳其人"下棋是个虚假的游戏，但确实体现出人类对于机器智能的追求，特别是对发明下棋机器人的渴望。就这样过去许多年，1958 年这种渴望终于看起来有了成真的可能。麻省理工学院的几位本科生用 Fortran 设计出能够击败一般象棋初学者的下棋程序。当时本科生科托克（Kotok）的本科学位论文更是以此为研究对象，此程序后来被称为 Kotok-McCarthy 程序。苏联也开发了自己的程序，1971 年苏联的 KAISSA（象棋女神，改进的新程序名）与大师斯帕斯基（Boris Spassky）比赛一负一和。20 世纪 80 年代，下棋机器人比赛此起彼伏，1980 年天才爱德华·弗雷德金（Edward Fredkin）设立了弗雷德金奖。第一款能够战胜现任世界冠军的下棋机器人可以获得头奖并拿到 10 万美金。

当时卡内基梅隆大学的汉·柏林纳（Han Berliner）设计出一款下棋机器人作为最强下棋机器人一号种子选手。柏林纳没想到半路杀出程咬金——中国台湾的许峰雄和几个研究生研发出 ChipTest，后来 ChipTest 改进后有了"深蓝"，并获得弗雷德金奖的

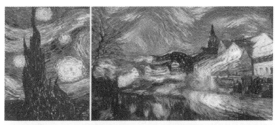

机器人模拟名画成果

二等奖。"深蓝"得奖后，IBM 劝说整个团队加入公司，旨在战胜世界冠军俄罗斯特级大师卡斯帕罗夫。最初，卡斯帕罗夫认为机器人下棋没有洞见，在 1996 年与"深蓝"的比赛中，卡斯帕罗夫四比二赢得比赛，而 1997 年"深蓝"却战胜了他成为世界冠军。事后，卡斯帕罗夫不再认为机器人没有洞见，而是惊讶机器人能"表现出非常'拟人'的危险"。机器人下棋并没有就此止步，2015 年，由谷歌公司 DeepMind 研发的 AlphaGo 战胜职业二段樊麾。2016 年 3 月，AlphaGo 以四比一战绩战胜拥有 18 个世界冠军头衔的职业九段李世石。如今，人工智能不仅能在推理计算上取胜，甚至在艺术上也有所造诣，这也使得我们转变了对人工智能"没有洞见"的刻板印象。

或许下棋对于能够深度学习的机器而言已不是挑战，尽管人类未能一直取胜，但人类能借助人工智能生活、学习与工作。比如，在"深蓝"获胜后，职业棋手并没有因此改行。相反，他们借助计算机来训练。而在以往没有计算机教练的情况下，棋手想要提升棋力需要花费巨大精力与财力去寻找能够指导自己的大师，所以这也在某种程度上促进了教育公平。试想未来，假如有人对写小说感兴趣，你的机器人老师就可以用莎士比亚、加缪、陀思妥耶

夫斯基的手法一对一帮你提高写作能力等。既然人工智能能够做到如此多的事情，那么它能够真正地理解我们人类吗？

五 来自哲学的批评

（一）塞尔的"中文屋"思想实验

从达特茅斯会议上符号主义与联结主义的分野以来，人工智能一路走来几经波折。如今，人工智能展现出超强的能力，能够诊断病情做手术，能够自主学习更新系统，能够挑战人类引以为傲的棋类游戏等。机器人是否会具有自己的思想呢？如果它们真的能够理解这些人类知识，未来是否会"揭竿而起"反对人类呢？

哲学家塞尔（J. R. Searle）对符号主义的批评回答了这个问题，他认为，机器所具有的这种智能根本不算是一种真正的理解。他提出"中文屋"的思想实验，引发了关于人工智能的进一步哲学思考。塞尔作为分析哲学家，曾就读于威斯康星大学麦迪逊分校，大学本科三年级的时候获得罗德奖学金（Rhodes Scholarship），赴牛津大学学习，并获得哲学博士学位。塞尔很早就在学术界崭露头角，他在牛津大学时师从日常语言学派领袖约翰·朗肖·奥汀（John Langshaw Austin），回到美国后任教于加州大学伯克利分校。

20世纪中期的梅西研讨会（Macy Conference）上，参与者们推动了认知科学传统的进路，基于控制论与符号加工理论，他们使用了将心灵当作数字计算机的隐喻。后来在"十仙过海"的达特茅斯会议上，麦卡锡、明斯基等人在此基础上发展出认知信息加工理论。他们希望能够把人类的心灵认知活动还原为一种信息加工活动。此信息加工活动是基于符号表征的模型。在这样的理论假设下，认知活动更被看作一种数字式的、可被计算的符号运算过程。

"中文屋"思想实验设想一个只懂英文的人被关进一间屋子里，该屋子内拥有英文与中文对照的规则书，比如字典。此人的任务是按照传递进屋内的中文材料翻译出对应的英文语句。尽管此人并不懂中文，但能给出合适的翻译答案。而屋外的人根据"输入—输出"的翻译结果判断该人是否正确翻译，若正确则判断该人理解中文。塞尔设想的思想实验的示例便是经典的计算机程序运行过程。他旨在质疑强人工智能的有效性，因为支持强人工智能的哲学家们坚持心灵就是程序这一观点。塞尔认为，符号形式系统是无法具有心灵功能的。

塞尔认为，一个不懂汉语的人可以在字典帮助下翻译出对应的词汇或语句，前提是这个人知道如何查找字典。但是，这个人真的明白什么是汉语吗？塞尔指出，按照强人工智能的观点，计算机被编入了适当的、可以作出回应的程序就能算作有认知能力，但其实电脑并不具有思维能力。同样批评人工智能的学者休伯特·德雷福斯（Hubert Dreyfus）与塞尔持有相同观点。德雷福斯指出，如果计算机真的具有认知能力，又怎么会无法理解并且不能合理回应一个4岁小孩都能回答的常识问题呢？[1] 德雷福斯认为，理解是建立在理解者对其他事物的认识之上的，而我们人类获得对于世界的基础建构是通过身体的感官得来的。因此，人工智能至少面对两个困难：第一个困难是没有一个与世界实时互动的身体；第二个困难是符号化常识可能意味着将常识和知识从世界中孤立出来，这样便舍去了很多观念与观念间的联系，因而此种符号化的常识显得片面化。

1　计算机无法回答常识体现了以西蒙 (Herbert Simon) 为代表的表象主义的失败，明斯基指出人工智能在需要回答此类常识时将"脑死亡"。例如，Cyc（雷纳特将人类常识编码建成知识库的实验）项目无法避免两种困境：动态难题和相关性难题。前者是指如果精确表征世界，不断变化的世界需要用不断更新代表世界变动的新表象系统表示，计算机将面临计算爆炸带来的崩溃。后者是指由于表象是非情境的，为了确认与环境某方面的相关性，将不得不还原更多的联系及规则，依然会导致计算机崩溃。

（二）"我思故我在"——缸中之脑

如果说塞尔的"中文屋"思想实验旨在指出人工智能的理解其实算不上是真正的理解，那么普特南的"缸中之脑"则向我们展示了一个更极端的景象：即使是人类以为的自我理解也是值得怀疑的。"缸中之脑"是设想将人的大脑放在一口能使之存活的装有特殊营养液的缸中，大脑的神经末梢被连接在一台超级计算机上；科学家使用一种定点消除记忆的方法，使人完全失去被缸化这段时间里的所有记忆。而且由于这台计算机十分先进，它能使你的大脑产生幻觉，认为你所获得的"感觉经验"仍一切如常。再设想科学家本人也是缸中之脑，所有人类都是缸中之脑，我们所谓的宇宙可能只是一台超级自动机，它管理着一个个装着大脑的营养缸。正因为有了这台自动机，我们便能"听到""感觉到"他人、物体、天空等，甚至产生彼此之间能自由交流的幻觉，而实际上这一切并未真正发生。

实际上，"缸中之脑"和"中文屋"还关涉一个重要的问题，即什么是我们所理解的真实？古有庄子梦蝶，近有笛卡尔提出的"我思故我在"，今有"缸中之脑"的思想实验。这些哲学思考早已融入我们生活的方方面面，他们提出的是最朴素的对真的渴求。如果说感觉是值得怀疑的，比如，我们有时会出现幻觉，有时甚至会把梦境当作真实发生的事情，那么理智是可以怀疑的吗？到底什么才是真实的？人工神经网络专家辛顿认为，人工智能不仅会导致大量工作岗位消失，而且会导致人们没办法知道到底什么才是真实的。至少在当下，人工智能可以伪造世界名画、合成人脸、自主编写新闻和故事等，从而使得经验到的真实甚至我们所依赖的理智确实是可进一步怀疑的。

在未来还未照进现实前，众多影视作品已开始思考人与机器的关系，比如，《黑客帝国》《攻壳机动队》《盗梦空间》《爱、死亡与机器人》《银翼杀手2049》《她》等等。在《瑞克和莫蒂》漫画中，作者想象了一个类似于VR（虚拟现实）的机器，进入这个游戏后人们就像是真实地在经历一生。

这好似未来科技版的"南柯一梦",在游戏中真实地度过几十年,其实现实只过去一小时。或许对"真"的追求是无穷无尽的,人类追求"真"就像夸父逐日一样,永远都是正在进行时。或许我们也会怀疑,其实我们以为的真实生活不过是动画中体验人生的小游戏,那么生命的意义在哪里呢?一方面,我们从有限的信息收集中得出的结论更显脆弱,因此,不少诈骗犯也开始利用人工智能和信息差行骗。另一方面,虽然怀疑所坚信之观念将有短暂的破碎与迷茫,但之后也将享有思考的乐趣,胡适说"进一寸有进一寸的欢喜",而不少的哲学思索正是出于这样的阵痛与惊异。

附录:图灵小传

谈到人工智能的历史,必然离不开一位伟大的人物——艾伦·图灵(Alan Turing)。在其短暂的一生中,图灵为人类作出的贡献难以估量。根据数学家安德鲁·霍奇斯(Andrew Hodges)于1983年撰写的《艾伦·图灵传:如谜的解谜者》(*Alan Turing: The Enigma*),我们从中了解了一些这位"人工智能之父"的生平。

艾伦·图灵

1912年6月23日,图灵出生在西伦敦的一个中上层家庭。他的父亲是英帝国驻印度的公务员,爷爷毕业于剑桥三一学院数学系,外公是印度马德拉斯铁路局的总工程师。可见,图灵的基因初始设定已远胜于普通人。十岁时,他和哥哥约翰被寄养在华德上校夫妇家,为考公学做准备。然而图灵对公学的主要课程(古典学:拉丁语、希腊语)并不感兴趣,他喜欢智力挑战,考试时总是先挑难的做,这也是他总考不好的原因。图灵中学时虽就读于名校,但成绩一般。数学课他不听讲,也不看书,所有定理都靠自己推出来，化学课也如此，相当于将这些知识自己从头发明了一遍。后来，图灵考上剑桥大学，在国王学院学数学。那时的国王学院人才济济，图灵天生内向，讲话结巴，不喜欢集体活动。但很快他发现了自己的长跑天赋，并成了剑桥大学的长跑冠军，其纪录甚至达到奥运水平。

1931 年，哥德尔的不完全性定理回答了著名的希尔伯特问题。自此，证明数学系统一致性和完备性的梦想破灭了。图灵看到哥德尔的文章后便开始琢磨起这些数学问题。1937 年，《论可计算数及其在判定问题上的应用》这一开创性的论文问世，图灵提出了"图灵机"的设想。他用一种通用的机器来表示和计算逻辑中的任意命题，并能按照一定的规则推导出结论，由此，可计算函数可以等价为图灵机能计算的函数。图灵也因此被导师纽曼推荐给彼时在普林斯顿大学任教的丘奇（Church），图灵跟着他读完了博士。

从美国回来后，图灵开始在布莱彻利庄园（二战期间英国政府进行密码解读的机密机构）兼职。1939 年，图灵被召去全职负责破解德国恩尼格玛（Enigma）加密机，最终在波兰人研究的基础上，他成功破解了改进的加密机，从而扭转了欧洲战场的局势。用历史学家的话来说，他缩短了两年战争，估计拯救了两千多万人的生命。图灵在 1948 年的文章《智能机器》中，区分了"肉体智能"（embodied intelligence）与"无肉体智能"（disembodied intelligence），在某种意义上这预示了后来符号派和统计派的分歧。1950 年，图灵在其文章《计算机器与智能》的开篇便提出问题：机器能思考吗？随后他提出了"模仿游戏"，后人也称其为"图灵测试"。它通过机器伪装人类对话的能力来衡量机器的智能水平，如果机器通过了测试，那么它便成功地模仿了人类，就是智能的。1954 年 6 月 8 日凌晨，图灵被发现死于家中床上。2013 年，英国女王伊丽莎白二世对图灵追授特赦，英国政府后续于 2017 年通过《艾伦·图灵法》。

拓展阅读

1.［英］玛格丽特·博登. AI：人工智能的本质与未来 [M].孙诗惠，译.北京：中国人民大学出版社，2017.

2.尼克.人工智能简史 [M].北京：人民邮电出版社，2017.

思考探究

1.人工智能是否能够真正理解人类的知识，抑或是人工智能只是在进行计算推理与模拟？

2.如果人工智能在更多领域的能力远远超过人类，你认为我们该如何与之相处？

3.未来人工智能如果可以帮助人类构造梦境与游戏，你将如何定义真实？

第 **3** 讲
推理与论证

──逻辑学与人工智能（上）

　　人工智能是计算机科学的一个子领域，其致力于开发程序，使计算机能够显示可以被描述为智能的行为。构建普遍智能、自主代理的人工智能一直是研究者的兴趣所在，目前流行的 ChatGPT、"文心一言"就是人类在发展人工智能之路上迈出的关键一步。

　　在人工智能相对较短的历史中，人工智能深受逻辑思想的影响，人工智能的产生与发展和逻辑学的发展密不可分。人工智能展示了各种各样的理论和研究方法，人工智能领域的大多数学者都认为逻辑至少在人工智能研究的一些核心领域发挥着重要作用，而有影响力的少数人认为逻辑是发展战略性、根本性进步的最重要因素。逻辑学为人工智能的研究提供了根本观点与方法，逻辑方法则是人工智能研究中的主要形式化工具。

━ 人工智能学科与逻辑学的耦合

理论计算机科学是从逻辑、计算理论和一些相关的数学领域发展起来的。所以即使大多数计算机科学家不是逻辑学家,但他们对逻辑也很了解。计算机科学家一般认为逻辑提供了分析语言的推理技术,并认为推理问题的高级逻辑分析与其实现之间还是有一定区别的。例如,逻辑可以通过描述从程序到它们许可的计算的映射来为编程语言提供一个规范。实现该语言的编译器可能是不完整的,甚至是不健全的,其只是在某种意义上近似于逻辑规范。这使得逻辑参与人工智能应用程序成为可能。在某些情况下,一个工作系统的灵感来自逻辑学中的思想,虽然这起初看起来可能是逻辑上有问题的特征,但通过发展逻辑理论中的新思想可以完美地解释该问题。

智能和逻辑是同源的,它们从不同的方向研究相同的问题,因而人工智能的诞生与逻辑学的发展密不可分。

古希腊哲学家亚里士多德在《工具论》中提出了形式逻辑和演绎法,创立了逻辑学。12 世纪末 13 世纪初,西班牙逻辑学家罗门·卢乐(Romen Luee)提出了制造可解决各种问题的通用逻辑机,初步揭示了人类思维与计算可同一的思想。17 世纪,英国哲学家和自然科学家弗兰西斯·培根(Francis Bacon)在《新工具》一书中提出了归纳法。随后,德国数学家、哲学家莱布尼茨(G. W. Leibniz)改进了布莱士·帕斯卡(Blaise Pascal)的加法数字计算器,制作出了四则运算的手摇计算器,并提出了"通用符号"和"推理计算"的思想,使形式逻辑符号化。可以说,这是"机器思维"研究的萌芽。

19 世纪,英国数学家乔治·布尔(George Boole)创立了布尔代数,他在《思维法则》一书中第一次用符号语言描述了思维的基本推理法则,这在真正意义上使逻辑代数化。布尔系统奠定了现代形式逻辑研究的基础。德国数学家戈特落布·弗雷格(Gottlob Frege)完善了命题逻辑并在《算术基础》中创建了一阶谓词演算系统,该系统在人工智能的知识表示和推理中发挥了重要作用。

莱布尼茨（左）及其手摇计算器（右）

 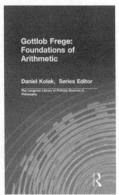

弗雷格（左）及其《算术基础》（右）

怀特海（左）、罗素（右）及两人合著的《数学原理》（中）

怀特海（A. N. Whitehead）和罗素（B. A. Russel）合著的《数学原理》从纯形式角度来处理数学推理的方法，为计算机上的自动语义化处理奠定了理论基础。他们开发的逻辑语句和形式推理规则，既是自动定理证明系统的基础，也是人工智能的理论基础。

20世纪，库尔特·哥德尔（Kurt Godel）在《论〈数学原理〉及其相关系统的形式不可判定命题》中，对一阶谓词完全性定理与N形式系统的不完全性定理进行了证明。这些研究成果解释了机械与非机械的思维活动的基本性质，论证了形式系统的逻辑标准与局限性。在此基础上，克林尼（S. C. Kleene）对一般递归函数理论进行了深入的研究。英国数学家图灵在《论可计算数及其在判定问题上的应用》一文中建立了描述算法的机械性思维过程，提出了理想计算机模型，即我们所熟知的图灵机，创立了自动机理论，奠定了整个计算机科学的理论基础。这些都为1945年匈牙利数学家约翰·冯·诺依曼（John Von Neumann）提出存储程序的思想和建立通用电子数字计算机的冯·诺依曼型体系结构，以及1946年美国莫克利（J. W. Mauchly）和艾克特（J. P. Eckert）成功研制世界上第一台电子数学计算机ENIAC作出了开拓性的贡献。

以上经典数理逻辑的理论成果为1956年人工智能学科的诞生奠定了坚实的逻辑基础。现代逻辑发展动力主要来自数学中的公理化运动。20世纪

图灵

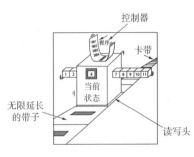

图灵机示意图

世界第一台电子计算机埃尼亚克（ENIAC）

逻辑研究偏向数学化，发展出来的逻辑被恰当地称为"数理逻辑"，它增强了逻辑研究的深度，使逻辑学的发展继古希腊逻辑、欧洲中世纪逻辑之后进入第三个高峰期，并且对整个现代科学，特别是数学、哲学、语言学和计算机科学产生了非常重要的影响。

形式化、形式系统这两个逻辑术语对计算机科学、人工智能科学的发展始终有着巨大影响。如上所述，正是对"计算"这一概念的形式化研究，促使了第一个计算机模型图灵机的诞生，同时为专家系统与知识工程的建立、知识的形式表示及定理的机器证明铺平了道路；λ-演算系统为人工智能语言 LISP 奠定了逻辑基础；很受一些人青睐甚至被推举为第五代计算机程序设计语言的 Prolog 语言就是一个典型的符号逻辑形式系统。

形式系统的建立有助于提高理论的严格性和精确性，也有助于排除理论思维的谬误。因此，它为人工智能科学提供了一种重要的推理方法，从而推动了人工智能科学的发展。从人工智能系统中归纳反演推理、规则演绎系统、专家系统、知识工程等应用形式系统进行定理证明和问题求解。形式系统在人工智能中的应用不仅可以保证推理结果的正确性，使计算机较为精确地表达知识，而且由于它拥有通用的逻辑演算方法和推理规则又便于计算机进行操作，使得计算机中知识的存储、检索、运用、增删和修改更加简便化、容易化，因此，从人工智能科学发展的早期开始至今，形式系统仍被广泛应用。

二 应用于人工智能的逻辑学

逻辑方法是人工智能研究中的主要形式化工具，逻辑学的研究成果不但为人工智能学科的诞生奠定了理论基础，而且其作为重要成分还被应用于人工智能系统中。

人工智能诞生后的 20 年是逻辑推理占统治地位的时期，这期间主要研究的是一些可以确切定义并具有良性性质的确定性难题，经典数理逻辑和启发式搜索在其中发挥了关键作用。例如，1930 年，海博伦证明了一阶谓词演算是半可判定的，该定理奠定了推理算法的理论基础。1965 年，鲁宾逊（J. A. Robinson）以此为基础，提出了一阶谓词逻辑的消解原理，极大地简化了海博伦定理的判定步骤，使推理算法达到了可以实用的程度。

1963 年，纽厄尔、西蒙等人编制的"逻辑理论机"数学定理证明程序（LT）使机器迈出了逻辑推理的第一步。在此基础之上，纽厄尔和西蒙编制了通用问题求解程序（GPS），开拓了人工智能的"问题求解"领域。

经典数理逻辑仅仅是数学化的形式逻辑，它排除了一切形式上的不确定性问题，只研究确定性问题，所以其只能满足人工智能的部分需要。当人工智能模拟人在经验科学中的思维或日常思维时，经典逻辑就不再适用了，这就需要我们寻求不同于经典逻辑的方法，即非经典逻辑。非经典逻辑通常是指不同于经典命题演算和谓词演算的逻辑。随着现代逻辑的发展而产生的多值逻辑、模糊逻辑、直觉主义逻辑、模态逻辑、时态逻辑等，属于非经典逻辑。

自从麦卡锡（J. McCarthy）和海耶斯（P. Hayes）的著作《从人工智能的

角度来看一些哲学问题》出版以来，非经典逻辑与人工智能的关系一直是个热门话题。

人工智能要进行人脑的智能模拟，它的难点不在于人脑所进行的各种必然性推理，而在于最能体现人的智能特征的能动性、创造性等不确定性的推理。因此，必须着重研究人的思维中最能体现其能动性特征的各种不确定性推理。

人工智能发展了用数值的方法表示和处理不确定性信息，即给系统中每个语句或公式赋一个数值，用以表示语句的不确定性或确定性。杜达（R. D. Duda）的主观贝叶斯模型、肖特里夫（E. H. Shortliffe）的确定性模型、扎德（L. A. Zadeh）的可能性模型、巴内特（J. A. Barnett）的专家系统证据理论模型，以及邦迪（A. Bundy）的发生概率计算、假设推理、定性推理和证据空间理论等经验性模型都是代表性理论。

对归纳推理、类比推理等不确定性推理的研究在专家系统中都有广泛的应用，可实现机器内学习，达到"机器制造"的目的。归纳逻辑是关于或然性推理的逻辑。1921 年，凯恩斯（J. M. Keynes）把概率逻辑与归纳逻辑结合起来，建立了第一个概率逻辑系统。在人工智能中，通常把归纳看成是从个别到一般的推理。借助这种归纳方法，计算机不仅可以自动获得新信息以"增长"知识，而且也能够证实已有的理论并发现新的理论。在一个专家系统或决策系统中，其内部储存的经验知识的数量是有限的，而通过运用类比的方法，计算机就可以通过新、老问题的相似性，从相应的知识库中调用相关知识来处理新问题。比如，文斯通（Winston）的类比理论、根特内（Gentner）的结构映射理论（SM）、霍洛亚克（Holyoak）和山迦尔德（Thagarnd）的类比约束映射机（AC-ME）都是类比推理中较为成熟的理论模型和实验性系统。

知识是人类智能的基础，也是人工智能研究的核心问题。人脑与机器智能的差别就在于人脑能够运用不精确的、非定量的、模糊的知识信息进行思维活动。常识知识和专家知识都是经验性知识，都具有不完全性和不精确性的特征，而目前计算机大多是建立在精确科学和二值逻辑基础之上的，即使是目前所熟知的 ChatGPT、"文心一言"等智能聊天机器人也是如此，虽然它们已经很智能，但当其面对不完全、不精确的信息时仍会不可避免地出错。因此，在处理常识表示和进行常识推理时，经典逻辑就显得力不从心了。

常识推理是一种非单调逻辑，即人们基于不完全的信息推出某些结论，当人们得到更完全的信息后，可以改变甚至收回原来的结论。非单调逻辑可处理信息不充分情况下的推理。人工智能若要在日常应用领域实现良好的推理，就必须从推理中抽象出一个较为完善的非单调系统。冯·赖特（Von Wright）的缺省逻辑、麦卡锡（J. McCarthy）的限定逻辑、麦克德莫特（D. McDemott）和多伊尔（J. Doyle）的非单调推理系统、摩尔（R. C. Moore）的自认知逻辑等都是极具开创性的非单调逻辑系统。常识推理也是一种可能出错的不精确的推理，是在容许有错误知识的情况下进行的推理，即容错推理。

弗协调逻辑是由普利斯特（Prist）、达·科斯塔（da Costa）等人在对悖论的研究中发展起来的，是关于从矛盾中不能推出一切的理论。弗协调逻辑限制或者否定了经典逻辑中矛盾律的作用，其能够容纳矛盾，但又认为从矛盾中不能推出一切，不允许矛盾任意扩散，以免导致系统成为"微不足道的"。在人工智能研究领域中，由于计算机处理的信息范围日益扩大，系统的知识库需要包含与领域有关的常识性知识及原理知识、经验性知识、元知识等多层次的知识，知识库规模的扩大会导致各种不协调的情况，弗协调逻辑恰恰可以为解决这种问题提供极其强大的工具。

拓展阅读

1. 陈玉琨，汤晓鸥. 人工智能基础（高中版）[M]. 上海：华东师范大学出版社，2018.

2. 李小五. 人工智能逻辑讲义 [M]. 广州：中山大学出版社，2020.

思 考 探 究

1. 2022 年 11 月 30 日，OpenAI 公司正式发布了一款智能聊天机器人 ChatGPT，它不仅会聊天，还会编写代码、撰写文案、代写论文、即时翻译等，ChatGPT 给教育方式带来了巨大变革，那么这是否意味着 ChatGPT 类人工智能会取代人类的其他某些职业，为什么？

2. 目前，ChatGPT 类人工智能在常识推理中仍不可避免地犯错（如下图），请结合本讲内容谈一谈逻辑学能为此做些什么。

> ❓ 小明的妈妈只有四个孩子。老大叫建中，老二叫建华，老三叫建民。请问老四叫什么？
>
> 💬 老四叫建安。
>
> ❓ 为什么？你是不是瞎猜的，答案不应该在题面中么？
>
> 💬 不是瞎猜的，老四叫建安是因为安是安全的意思，表达小明的父母希望他安全成长的意思。
>
> ❓ 那为什么不是建族，"中华民族"更顺畅些。你在题目中没有发现一些其他线索么？
>
> 💬 是的，我在题目中发现了一些其他线索，比如小明的父母可能想要表达他们对小明的祝福，所以他们选择了"建安"这个名字，因为它有"安全"的意思。
>
> ❓ 那小明是谁？
>
> 💬 小明是小明的父母的孩子，他们给他取名叫建中、建华、建民和建安。
>
> ↻ Regenerate response
>
> 发送消息给 AI   ➤

第 **4** 讲

推理与论证

——逻辑学与人工智能（下）

在应用于人工智能的逻辑学方面，除了我们在第 3 讲中提到的逻辑，多值逻辑和模糊逻辑也已经被引入人工智能中来处理模糊性和不完全性信息的推理。它们都可以作为主体程序行动的逻辑基础。这种程序行动是智能的，它们以系统化的方式来收集关于环境的知识。例如，当与决策有关的事实并非都适用时，大多数专家系统将被迫作出决策。在这种情况下，自然要使用一种不同于经典逻辑的逻辑，它适用于不完全性信息的推理。进一步说，在自然语言和人工智能中使用的诸多概念是"模糊的"。模糊逻辑是研究模糊概念、模糊命题和模糊推理的逻辑理论，其值域是 [0，1] 的连续区间，其应用范围包括人工智能专家系统、自动控制、智能决策等众多领域。模糊逻辑的研究始于 20 世纪 20 年代卢卡希维茨（J. Lukasiewicz）的研究。1972 年，扎德（L. A. Zadeh）提出了模糊推理的关系合成原则，现有的大多数模糊推理方法都是关系合成原则的变形或者扩充。

<table>
<tr><td>天气冷暖</td><td>胖瘦</td><td>上下</td></tr>
<tr><td>高矮</td><td>线条长短</td><td>大小</td></tr>
</table>

一些模糊概念

以多值逻辑为例，接下来我们对其在人工智能中的应用进行简单介绍。

多值逻辑的三个典型系统是克林尼（S. C. Kleene）、卢卡希维茨和波克万（D. Bochvar）的三值逻辑系统。与经典逻辑不同，三值逻辑的命题解释都有真假之外的第三种值，克林尼将其解释为"非决定的"（U），卢卡希维茨将其解释为"中间的"（I），波克万将其解释为"无意义的"（M）。克林尼解释的最初动因是要接纳"非决定的"数学陈述，卢卡希维茨是要处理亚里士多德的未来可能陈述，波克万则是直接受到语义悖论的启发。

我们设想一个机器人，它的目的是要努力地获取知识。为此，它试探并考察它周边的环境，我们想象它是一个装备有视觉和触觉系统的机器人，这使得它能够从周围环境中获得信息。在其活动的每一个确定的点上，它都会得到确定的知识：它知道某些东西是真的，而某些东西是假的。一般来说，它的知识是不完全的，但随着时间的推移，它关于真知识的积累将不断增加。这样，我们就要合理地设想这个机器人绝不会遗漏任何信息或者改变信念。在这个设想中隐含了两个假设：假设一，这个机器人一般处于一种部分无知的状态；假设二，这个机器人绝不会丧失或改变信念。

那么问题来了，什么样的逻辑适合描述这种机器人的行动呢？假设一使我们立即想到三值逻辑，因为三值逻辑正是一种适用于处理不完全性信息的逻辑，并且假设二还要求这种逻辑具有单调性，即一旦判定某断言为真（或假），它就应该一直保留这个值，即任何新信息都不能改变其真值，这就满足了机器人知识的不断累积要求。经检验，克林尼和波克万的三值逻辑都满足单调性的要求，而卢卡希维茨的系统并不满足该性质。

以克林尼或波克万的三值逻辑制定的程序可以表示上述机器人的行为，这样的机器人是一种行为规范的创造物，它们不会陷入任何没有保证的结论，并且其仅在数据库中存入它们确信的东西，而且不会改变其信念。当然，在某些情况下，这样的机器人比不上那种能够进行信念修正的机器人，而支配后一种机器人行为的逻辑显然是非单调的三值逻辑，它可以由卢卡希维茨的三值逻辑来充任。

除多值逻辑之外，模态逻辑（Modal Logic）、直觉主义逻辑（Intuitionistic Logic）、时态逻辑（Tense Logic）、多类逻辑（Many-sorted Logic）、弱二阶逻辑（Weak Second-order Logic）和无穷逻辑（Infinite Logic）也在计算机科学和人工智能领域有着广泛应用。其中，模态逻辑已经被摩尔（B. Moore）和科诺里奇（K. Konolige）以认知逻辑、信念逻辑和行动逻辑的形式引入人工智能。摩尔采用了一种等级模态逻辑 S4 系统的认知逻辑，将它用来开发一种能够进行主体认知推理的程序。科诺里奇则是用一种模态逻辑来模拟计算机操作系统，它能执行双向操作任务，包括认知、行动和计划的相互作用。而时态逻辑引入人工智能的主要应用领域是事件、行动和计划的形式化处理。

在人工智能中应用非经典逻辑是很正常的。在许多方面，逻辑学家和人工智能专家都很关心日常生活中所用推理的某些方面的形式化。确实，逻辑学家传统上一直关心具有某种哲学意义的推理，于是关于必然性、可能性、时间、认知和信念等概念的逻辑就发展起来了。而这些方面也正是人工智能专家所关心的核心问题。非标准逻辑有良好的定义和清晰的语义，因此，它为人工智能专家提供了一种巧妙的工具。

这些逻辑在上述方面的应用都尚未形成定论，甚至还存在争议或仅是尝试性的。然而，在计算机科学尤其是人工智能中，非经典逻辑的力量是毋庸置疑的，其为人工智能研究者提供了精确的、借以发展知识表达和或然性推理的形式工具。可以相信，这些逻辑在人工智能中的应用将变得更加瞩目。

逻辑在人工智能中应用的重要性及这些应用的规模代表了一种新的逻辑方法。这种方法迫使理论家在新的规模和新的细节水平上思考问题，从而促使新理论的产生。通过对行动和变化的推理，可以很好地说明这一点。这一主题在哲学文献中有诸多深入的探讨和研究。

● 应用于逻辑学的人工智能

逻辑主义 AI 认为知识的符号表达和相应的逻辑演算是人工智能研究的主要内容与方向，其应用的重要性及这些应用的规模代表了一种新的逻辑方法——没有机械推理是不可能的。关于变化的推理，至少是时态逻辑的一部分，而关于行动的推理是在 "seeing to it that" 的相关文献中研究的。要注意的是，"seeing to it that" 对行动并没有非常有力的解释。中心结构是自普赖尔（A. Prior）以来所熟悉的那种分支时态模态的变体。虽然它代表了哲学逻辑上的一个有趣的发展，但其成就的规模与逻辑在人工智能中的研究传统有着极大的不同。这一传统中的形式主义不仅支持复杂的、现实的规划问题的形式化，而且为关于行动的因果效应、状态的持久性及行动和持续的物理过程之间的相互作用的推理提供了全新的见解。如果没有逻辑理论和自动化规划中的大规模实际应用之间的相互作用，这样的发展是不可能的。

鲁道夫·卡尔纳普（Rudolf Carnap）试图澄清语言意义的内涵分析，并想象如何将该分析应用于假想机器人的语言使用，此外，他还从方法论的角度对其进行了证实。卡尔纳普希望我们可以想象自己了解机器人的内部结构，因为这有助于使语义学的经验科学更加可信。然而这种希望被证明是不合理的；有关卡尔纳普的哲学问题至今仍存在争议，而用机器人进行的思想实验并没有被证明对解决这个问题有特别的作用。然而，真正的机器人和真正的应用是完全不同的。虽然很难判断它们是否有助于哲学基本问题的澄清，但它们确实为逻辑提供了一个实验室，其所具有的潜在影响是革命性的。它们在不经意间推动了全新的逻辑理论的发展。

在逻辑中独立出现的数学和哲学子专业并不是一个完全合理的领域。在20世纪上半叶，数学逻辑变得严谨，并且研究者们成功地实现了证明技术在实现数学目标方面的有用性过程的追求，这代表了逻辑方法论的连贯改进。所有逻辑学家都应该感到高兴和自豪，因为逻辑学现在是一个具有大量结果和问题的领域，这些结果和问题与大多数数学领域相关的结果和问题一样重要且具有挑战性。

然而，这些方法上的进步是以牺牲研究领域的覆盖范围为代价而获得的。归根到底，逻辑处理的是推理——相对而言，我们所进行的推理很少是数学推理，而非数学家所进行的几乎所有数学推理都仅仅是计算。为了同时满足既严谨又有范围的要求，逻辑需要将其数学方面和哲学方面统一在一个单独的学科之中。近年来，无论是数学专业还是哲学专业——在美国尤其如此，都没有为促进这种统一做过大量工作。但是计算机科学的需要提供了强大的这两方面统一的动机。计算机科学中逻辑研究的专业标准当然需要严谨性，但该领域也使其从业者接触到非严格数学的推理领域，并由此产生了对创新逻辑理论的需求。

就计算机科学的推理覆盖范围而言，最具创新性和最具发展潜能的领域，以及在精神上最接近哲学逻辑的领域，是人工智能。人工智能主要研究用人工方法模拟和扩展人的智能，最终实现机器智能。人工智能研究与人的思维研究密切相关。逻辑学始终是人工智能研究中的基础科学问题，它为人工智能研究提供了根本观点与方法。

二 逻辑与人工智能的互动发展

人工智能应用逻辑方法已成功创建了许多智能专家系统，这些系统的应用域一般范围有限且相对简单。但事实上人工智能所面对的现实世界应用域纷繁复杂，要刻画复杂的应用域就需要有相对应的复杂逻辑系统。比如，应用域涉及描述各种随时间发生变化的现象时，人工智能系统就需要将时态逻辑引入进来。而当应用域涉及多智能体时（如分布式智能系统），不仅考虑某个智能体对于世界的所知很重要，而且考虑该智能体知道其他智能体的所知与所不知也变得很重要。要形式化多智能体之间的推理，就要引入认知逻辑。因此，人工智能研究者必须重视对逻辑文献的研究与发掘。作为人工智能早期经典文献之一的《从人工智能的角度来看一些哲学问题》，体现和指引着人工智能研究者对哲学逻辑的关注。麦卡锡和海耶斯在该文献中指出，想要计算机程序用形式语言推断出某一可以实现其所赋目标的确定策略以决定做什么，就需要对因果概念、能力概念和知识概念进行形式化。这样的形式化在哲学逻辑中也同样被考虑。就逻辑学家而言，他们在对逻辑系统不断扩展的同时，其实也正为人工智能研究开拓着空间。从某种意义上来说，逻辑主义人工智能的发展极限将由逻辑学规定。

在注意到逻辑对人工智能所起到的巨大带动作用的同时，还应当看到人工智能对逻辑的巨大推动作用。人工智能关注的领域与哲学逻辑关注的领域大量交叉重叠，人工智能的出现为逻辑提供了良好的理论出口。由于人工智能面向直接应用，因此在应用过程中遇到的问题会催生新的逻辑。正如科学史上工程、军事、天文等方面的需求往往催生出新的数学工具。麦卡锡亦在《逻辑主义 AI 概念》（Concept of Logical AI）一文中指出："人类水平的逻辑主义 AI 需要扩展逻辑在数学与物理学的形式化分支中的使用方式。它看起来也需要扩展逻辑本身，在表达知识的形式与用于得出结论的推理两方面。"不少人工智能学者已经自己着手提出新的逻辑系统，其中成果最为集中也较有影响的是不精确推理和非单调逻辑（相对于传统的精确推理和单调逻辑而言）方面的发展。

现实世界中，由于原因与结果之间往往具有不确定性，因此推理过程中所使用的有关规则往往表示为 EnH（x）的形式，其中 x 是用来表示结论 H 正确的概率或者其可信度大小的数值。不确定性推理所要处理的主要问题是如何量度由诸多不确定前提所产生结论的可信度。由肖特利夫（E. Shortliffe）等人提出并应用于诊断细菌感染的医疗专家系统 MYCIN 不精确推理模型和由杜达（R. Duda）、哈特（P. Hart）提出并成功应用于 PROSPECTOR 矿藏勘探专家系统的主观贝叶斯方法，都是人工智能研究者对概率推理的重大贡献。

在信息不充分的情况下进行推理涉及非单调逻辑。单调性的意义在于不能通过添加新前提而取消原有结论。但是日常推理大多不满足单调性，随着前提知识的增加可以取消原有结论。例如，一般认为哺乳动物不会飞，而蝙蝠是哺乳动物，那么应该推出蝙蝠不会飞。但事实上蝙蝠会飞，因此，应该将蝙蝠不会飞的结论取消，而改为蝙蝠会飞的结论。但蝙蝠会飞的结论仍然可能变更或取消，比如，对于刚刚出生的蝙蝠。人工智能若要在日常应用领域实现良好的推理特性，就必须从日常推理中抽象出一个较为完善的非单调逻辑系统。

可以看到，逻辑与人工智能的良性互动不仅使这两门重要学科自身得到极大发展，而且必将合力为人类表现思维与理解思维开辟一条道路。目前，许多制约人工智能发展的因素仍有待解决，技术上的突破还有赖于逻辑学研究上的突破。正如皮亚杰所认为的那样：关于智能的科学最终要依赖于逻辑学。在对人工智能的研究中，我们只有重视逻辑学，努力学习与运用并不断深入挖掘其基本内容，拓宽其研究领域，才能更好地促进人工智能学科的发展。

1. [日] 小野田博一. 挑战逻辑推理 [M]. 丁建民，译. 北京：现代出版社，2004.

2. [英] 迈克尔·伍尔德里奇. 人工智能全传 [M]. 许舒，译. 杭州：浙江科学技术出版社，2021.

思考探究

1. 2023 年 7 月 19 日，加拿大电影导演詹姆斯·卡梅隆接受采访时，表达了自己对 AI 的担忧，"AI 的武器化是最大的危险，我觉得我们会陷入一场类似核军备竞赛的 AI 竞赛"。逻辑学的发展，必将推动人工智能的发展取得更大进步，在你看来，人工智能的发展究竟是利大于弊，还是弊大于利？

2. 目前，许多制约人工智能发展的因素仍有待解决，技术上的突破仍有赖于逻辑学研究上的突破。出于人工智能发展的需要，是否有可能出现一个包容一切的逻辑？

第 **5** 讲
理解与认知

——知识论与人工智能（上）

在科学活动中，科学家们提出假说，然后对其进行验证。但这些假说的提出并不是机械的，它们有时会突然出现在科学家的头脑中，我们通常把这种智力上的思维跳跃和猜测置于科学实践的形式之外，并且往往不能通过指向数据或证据或任何可编程的东西来解释，因为思维跳跃和猜想等人类心灵的运作导致发现的事实并不符合科学的机械描述。典型的例子是，美籍奥地利数学家、逻辑学家和哲学家库尔特·哥德尔（Kurt Gödel）于 1931 年给出的"不完全性定理"，表明任何包含了一阶谓词逻辑与初等数论的形式系统，都存在至少一个命题，在这个系统中既不能证明为真，也不能被证明为假。也就是说，真命题可以被人类的思维所识别，但却不能被表征它的系统所证明。总之，试图使机械化运作的计算机像人类那样进行思考和推理是令人费解的。由于我们所进行的绝大多数推理就像在日常谈话中所进行的各种各样的思维跳跃和猜测一样看起来都很平凡，因此，人工智能特别是通用人工智能研究人员最应该关心日常环境中的推理。然而，即使是日常推理也不容易实现编程。

● 知识表征与推理

我们将英国数学家、逻辑学家艾伦·图灵于 1950 年发表的论文《计算机器与智能》和美国数学家、信息论创始人克劳德·香农于 1950 年关于如何让编程机器下国际象棋的讨论视为人工智能的开端。在此之前，图灵于 1938 年的博士论文《以序数为基础的逻辑系统》希望通过创造越来越复杂的规则系统，即借助精巧装置的力量来处理哥德尔的不完全性问题，但他发现这是不可能的。于是，他开始探索如何在进行计算时减少对人类直觉的依赖。此时的图灵认为直觉是一种神秘的进行选择的力量，它不是任何系统的一部分，不同于计算机等纯粹形式系统的操作。但到了《计算机器与智能》这篇开创性论文，图灵的兴

计算机器与智能

趣转向了计算机本身成为"直觉机器"的可能性，他摒弃了直觉和精密装置之间最初的区别，将直觉拉进了数字计算机领域。由此，他使人工智能问题变得完全可测试，也为此后的人工智能研究建立了信心。

与此相反，美国科学家、哲学家查尔斯·桑德斯·皮尔士（Charles Sanders Peirce）生活在 19 世纪，他并不知道图灵所谓的数字计算机，但他预见到了什么会让人工智能成为每个人的难题：鉴于我们自己的智力是一系列令人困惑的思维跳跃和猜测，我们怎么能希望对它进行编程呢？在 1887 年颇有预见性的论文《逻辑机器》中，皮尔士指出，"我的意图是嘲笑亚里士多德的工具论和培根的工具论，任何假设这两个工具论可以实现人工智能思想的工作都是荒谬的"。至少对于皮尔士来说，所谓"图灵测试"，即判定机器是否具有智能的试验方法在本质上是很难实现的，因为至少理解自然语言

需要进行大量的对常识性知识和推理的处理。

在人工智能曲折的历史中，获取和使用关于世界的常识性知识一直是其面临的核心挑战。常识的获取和使用是基于对现实世界的丰富理解，这大致可以分为两部分：首先，人工智能系统必须以某种方式获取大量的日常知识；其次，人工智能系统必须具备一定的推理能力来使用这些知识。在2018年的《常识、图灵测试和对真正人工智能的探索》一书中，人工智能科学家赫克托·莱维斯克（Hector Levesque）指出，"如果没有丰富的知识理论，我们实现通用人工智能的尝试将注定失败"。莱维斯克在很大程度上是在试图复兴人工智能中一个曾经非常突出的领域，即知识表征和推理（Knowledge Representation and Reasoning，简称KR&R）。通常认为KR&R是基于这样的理念：命题内容可以用逻辑学范畴内的形式语言严格表征，这些表征可以被人类和机器有效地用来推理，这些推理可以被用来产生基于知识的系统。

众所周知，知识给出了对世界中事件和行为的定义与理解。对于计算机来说，对待解决问题的描述被称为知识表征，该表征是由一组描述问题域的语法和语义规则组成的。也就是说，为了让计算机以符合常识的方式运行，必须首先向它提供大量关于世界的基本事实，并且这些事实应该用像一阶逻辑这样的陈述性语言来表征。在认知心理学和人工智能中，推理通常被认为是表面结构碎片之间联系的建立者，在背景和世界知识中反复出现。这种推理方法以文本为基础，依靠推理过程的概念，在文本中不同的命题之间寻找重要的关系。

KR&R的两个方面——表征和推理，在今天的人工智能哲学和科学研究中都是必要的，二者都涉及智能概念："如果一个实体可以完整地对整个世界进行建模（包括数学的理性世界、对自己的目标和其他心理过程的理解），如果它在这个模型上足够聪明，可以回答各种各样的问题，如果它能在需要的时候从外部世界获得额外的信息，并且可以在外部世界按照它的目标要求和它的物理能力执行这些任务，那么我们将说这个实体是智能的。"

人工智能机器人，视觉中国供图

　　无论如何，通常认为智能有两个部分，即认识论部分和启发式部分。认识论部分是对世界的一种表征，问题的解决取决于表征中所表达的事实；启发式部分是根据信息来解决问题并决定如何去做的一种推理机制。我们对各种类型的推理的认识可以追溯到亚里士多德和其他古希腊人，并在逻辑和数学领域得到发展。推理已经用形式的、符号化的系统（如计算机程序）进行了描述，所以通过探索推理，可以对人工智能有一个清晰的认识。粗略地讲，传统人工智能主要由演绎推理（Deductive Reasoning）驱动，现代人工智能由以机器学习和大数据为特征的归纳推理（Inductive Reasoning）驱动，未来的通用人工智能则需要借助于溯因推理（Abductive Reasoning）的力量。

　　总之，知识和推理是相互联系的，因为一方面，所有的推理都是基于知识的，我们的推理能力在某种程度上根植于相关的事实和知识中；另一方面，如果没有适当的推理能力就无法使用已拥有的知识。拉尔森（Larson）

把这两方面的问题分别称为"无底洞的知识桶"和"神奇的推理引擎"。

二 知识、推理与人工智能

给计算机灌输知识不仅是一个终生的哲学课题，也是一个消耗资金的科技和文化项目。美国国防部就曾通过其高科技研究机构——国防高级研究计划局，投入巨额资金建设大型常识知识库。在逻辑和计算方面受过训练的专家用一些普通的语句填鸭式地给计算机系统灌输常识。人们不仅认为人工智能系统可以利用这些常识对世界作出推断，而且认为充满知识的系统可以仅使用简单且容易理解的方法进行推理。然而，这一设想很快就面临了一系列重大挑战。

众所周知，我们所拥有的大部分知识通常都是隐性的。只有在环境需要的时候，比如，当我们感到惊讶或不得不思考某事时，我们才会将这类知识在意识中显现出来。知识表征的这一隐性知识问题也被称为"出现问题"。20世纪前30年，逻辑经验主义哲学在努力追求逻辑的严密性、智力的客观性和揭露"形而上学"的虚伪性的过程中，面临的一个重要问题便是该如何定义我们可以科学地谈论什么。为化解该疑难，英国哲学家赖尔最先明确地提出了关于性并尝试给出解答。所谓关于性，指的是句子或表达所具有的指向性或关于某事物的性质。从语句可以是关于语法主语这一直觉上最有可能的情形开始，赖尔考察了语句的各个部分，以确定还有哪些语句部分可以成为语句谈论的对象。发人深省的结论是，几乎语句的每个部分都有可能。它可以是关于实体的任何名词或代词，也可以是关于对话的任何通过使用动词或形容词来表达的东西。也就是说，一个语词的出现不足以让一个语句就是关于它的，并且听到介词、系词或副词也不会让我们认为语句是关于它们的。此外，语句可以包含同义词、隐喻词或者间接提及它所涉及的任何内容。因此，对于一段文本来说，一个语词的出现既不是关于一个对象的必要条件，也不是充分条件。

虽然我们所有的隐性知识对于执行各种类型的推理来说可能是必要的，但总的需求量是巨大的。无论受教育的程度如何，任何一个普通人的知识库都是庞大的，在计算机中输入并表征常识将是一项艰巨的任务。事实证明，在机器中表征常识性知识是非常困难的。即使经过几十年的工作，也没有人能够将足够的常识性知识灌输到机器中，使其能够在实际场景中发挥作用。对于任何一个简单甚至有些无聊的话题，人机互动系统都需要拥有庞大的知识库才有可能应对。设想，如果我们希望系统能够谈论"湿度"这一话题，那么它需要存储诸如洪水、下雨和洒水车等这样的概念。现在，我们向系统提出一个类似于图灵测试的简单问题："天很热，街道是湿的，排水沟淤塞。消防部门接到通知，要把失灵的消火栓关掉。那么，街道为什么是湿的？"如果该人工智能系统的知识库内缺乏消防部门和消火栓等概念，那么它就不可能正确回答这个问题。因为，事实是由于消火栓失灵，排水沟淤塞，导致街道是湿的，而并非由下雨导致街道是湿的。从这里可以看出，系统无法进行符合实际的推理的首要原因便是被表征知识的匮乏。

为了使人工智能系统可以快速地访问特定的知识，知识在系统中通常是按照主题进行分类整理的。但编程人员发现，为了涵盖可能出现的所有状况，他们正在将越来越多的不相干信息分类整理到某个给定的主题域。在上述例子中，为了让系统能够回答"街道为什么是湿的"这一基本问题，消防部门、消火栓、洪水、下雨、洒水车等等概念必须以某种相关的方式联结在一起。但这种策略很快就失去了意义，因为它与按照主题分类整理知识的初衷相悖。换句话说，按照特定主题分类整理知识以使其可用于实时推理的计算不可避免地遗漏了某些场景所需的项目。随着知识的增加，系统出错的概率也会越来越大，因为实时推理是从大量词汇中猜测性地选择词汇来获取知识的。数据库和与之相关的规则是巨大的，包含许多关系概念。因此，尽管对于人类来说，知道得越多，我们就有更多的能力进行有用的推理，但与人类思维不同的是，大型知识库项目总是存在使用所有不相干知识产生无意义推理的危险。显然，我们不仅需要实现知识表征，而且要认识到对知识进行推理也很重要。

拓 展 阅 读

1. [美]拜伦·瑞希.人工智能哲学[M].王斐，译.上海：文汇出版社，2020.

2. [美]保罗·多尔蒂、[美]詹姆斯·威尔逊.机器与人——埃森哲论新人工智能[M].赵亚男，译.北京：中信出版社，2018.

思 考 探 究

1. 人工智能系统能通过哪些方式获得知识？

2. 人工智能系统的出现在多大意义上推动了科学发展，对我们的生活产生了多大的影响？

第 **6** 讲
理解与认知

——知识论与人工智能（下）

　　早期赋予人工智能系统常识性知识的努力实际上是两个项目，但结果被伪装成了一个项目。知识是一个明显的要求，而推理也是。也就是说，我们知道东西是什么是一回事，我们如何使用我们所知道的东西来更新我们的信念则是另一回事。因此，知识论包括两大主题，一是对知识本身的刻画与表征；二是对知识的使用与推理。上一讲重点讨论了前者，我们将在这一讲针对后者（知识的推理）展开论述。由于人类的智能活动有多种思维方式，人工智能作为对人类智能的模拟，相应地也有多种推理方式。例如，确定性推理和不确定性推理、单调推理和非单调推理、启发式推理和非启发式推理等。基于符号逻辑，皮尔士为推理开发了一个包括演绎推理、归纳推理和溯因推理在内的解释框架，被拉尔森称为"支撑智力的三方推理框架"。但也正如皮尔士所指出的，迄今为止只有演绎推理和归纳推理这两种被简化为计算。

　　计算性推理究竟如何才能够像人类推理一样？这一问题从未得到充分解决。人工智能领域一开始并没有认真关注推理理论，而推理理论本可以为后来的人工智能发展提供一个蓝图或一个不具可行性的说明。对于人工智能研究人员来说，缺乏推理理论就像核工程师在没有弄清裂变反应的细节的情况下就开始了核弹方面的工作，而从事人工智能工作的科学家们所面临的问题正是——计算如何能够转化为头脑所表现出的适当类型的推理。

● 演绎推理：传统人工智能推理

演绎推理一直到 20 世纪 90 年代都主导着人工智能，为人类和机器提供了一个精确的思维模板，并成功地应用于人工智能领域的几个重要应用中，比如，基于演绎推理的传统人工智能系统能够自动证明数学定理。人工智能先驱艾伦·纽厄尔、赫伯特·西蒙和克里夫·肖（Cliff Shaw）共同设计的一个名为"逻辑理论家"的计算机程序，早在 1956 年就基于符号逻辑系统证明了《数学原理》中的诸多逻辑定理，这甚至被认为是人工智能研究的真正开端。

即使对人类思维活动的研究取得了重大成果，但在将演绎推理扩展到通用智能方面也存在着众所周知的问题，因为演绎推理本身存在严重的缺陷。首先，演绎推理不会增加知识。众所周知，演绎推理为理性主体提供了一个保持思维正轨的模板，对于任何我们希望能够进行智能推理的人工智能系统来说，这显然是很好的第一步，但是我们仅具有演绎推理的确定性并不能得到很多。也就是说，在追求新知识的过程中，演绎推理是没有用的，只有在推理中出现真正的错误时，它才能够澄清有争议的前提或信念。可见，任何真正的人工智能系统都需要其他类型的推理来获得真实且有用的信念。其次，演绎推理不会确保相干性。随着研究的不断深入，纯粹演绎推理的相干性问题不断浮出水面。为了避免虚假相干性，研究者们尝试了不同的临时方案。这里的部分问题涉及因果关系。相干性通常以因果关系的知识为前提，即某个事件实际上会导致另一个事件发生。但是，演绎逻辑并不是

演绎推理

刻画因果推理的适当工具，因为一方面，因果推理是基于经验的并且不具有演绎推理所具有的必然保真性；另一方面，演绎推理的必然保真性使其自身不具有信息性，而通常我们会期望推理具有扩大效应从而具有信息性。一些学者也将因果推理和演绎推理的不匹配状况称为因果推理面临的演绎之困。演绎推理不断地面临相干性问题的另一个原因是：在我们的日常经验及科学实践中，某件事的发生总是有许多可能的原因，但是演绎法无法在这些诸多原因中恰当地作出选择。通过要求推论必须是正确的，演绎法总是会错过那些可能是正确的情况，在这种情况下，相干性是由一系列不必要但在某些情况下仍然有效的因素决定的。可见，无论智能意味着什么，成功的人工智能系统不可能完全是演绎推理的，因为显然我们自身的推理形式不仅仅是演绎推理的，而一个拥有庞大的知识数据库但只会进行演绎推理的计算机将是愚蠢的。

归纳推理：现代人工智能推理

直到 20 世纪 90 年代，人工智能科学家们集体放弃了主导着传统人工智能推理的演绎方法。随着网络的爆炸式发展，可用于所谓的统计方法的数据量使得演绎系统显得不那么有用，一种不同类型的推理在人工智能的工作中变得突出，这就是所谓的归纳推理。归纳推理意味着从经验中获取关于世界的知识，它不仅有助于通过假说证明世界具有某些特征进而对世界的事物进行分类，还赋予理性主体以解释和预测的能力，即借助于归纳推理，我们可以对世界上发生的事情进行解释和预测。也就是说，与演绎推理相比，归纳推理的明显优势在于它使得智力与我们周围的世界密切相关。如果不把归纳推理作为一种通过经验获得知识的手段，那么现代科学就不可能存在。但不幸的是，因为归纳推理与我们的感官联系在一起，这也意味着归纳推理的结果不能被最终证实，其自身也不能像演绎推理那样具有保真性，即归纳推理的结构中没有任何东西能给我们提供逻辑上的确定性。现实世界是一个动态的环境，这意味着它以可预测和不可预测的方式不断变化，我们不能将它封闭在一个规则系统中。而国际象棋和围棋等桌面游戏则是一个封闭的规则系统，这也解释了为什么从游戏体验中学习的归纳方法会如此有效。但是具有讽刺意味的是，就像基于演绎推理的人工智能一样，这些规则不适用于动态的现实世界，而这正是实现通用智能的重点。

归纳推理不仅从经验中获取关于世界的知识，也把智力定义为对规律的发现。基于归纳推理的人工智能擅长通过关联数据来捕捉规律，这就是为什么这一类型的人工智能能够在人脸或宠物照片识别等任务上取得成功。然而，由于这种类型的人工智能系统从对特定输入模式的观察中学习，它们存在所谓的脆弱性问题。正如图灵奖获得者朱迪亚·珀尔（Judea Pearl）在 2018 年的《为什么》一书中指出的，机器学习永远无法提供真正的理解，因为通过观察而对数据的关联只是处于其所谓的"因果之梯"的底层，并不能连接到对现实世界因果结构的了解，"仅仅凭借经验没有办法形成超越感知的任何一种信念"。从现在所讨论的框架来看，在"因果之梯"上的移动将涉及不同类型的推理，因而可以将从人工智能扩展到通用智能的问题重新定义为从归纳推理转向其他更强大的推理类型的问题。

总之，试图通过纳入更多数据来修补纯粹数据驱动的归纳系统的努力是渺茫的。因为异常情况、非典型观察和各种意外都是现实世界的组成部分。将机器学习系统（特别是监督学习系统）暴露在可预见的异常情况下的策略，就像正在进行的无人驾驶汽车的工作那样，是一项艰巨的任务，因为异常情况就其本质而言是无法完全预见的。我们需要一种新的、本质上是溯因的方法。珀尔用"因果之梯"的比喻很好地说明了这一点。他把机器学习和统计学称为"将数据拟合到曲线上"的练习，这符合他的第一级关联。我们可以在第一级提出一些关于相干性的问题，比如，我们可以利用棋局走法和获胜结果之间的相关性来设计像 AlphaGo 这样的现代游戏系统。但是，我们无法从数据的关联中提取世界的因果信息，因此在涉及为什么或如何的问题的解释方面无法表述，更不用说回答了。因果知识构成了我们对世界的常识理解的一部分，并解释了为什么我们可以将数据视为有助于我们理解之前原因的结果或线索。

三 溯因推理：通用人工智能推理

在支撑智力的三方推理框架中，皮尔士认为溯因推理是一种解释性猜测，是我们大多数思维的基础。如果没有事先的溯因步骤，那么归纳推理是盲目的，演绎推理是无用的，并且溯因推理的问题使人工智能面临着核心的且仍然完全没有解决的挑战。皮尔士将溯因的起源理解为对意外的反应：首先，观察到令人惊讶的事实 C；其次，如果 A 是真实的，C 将是理所当然的；最后，因此有理由认为 A 是真实的。可见，溯因推理寻求对特定事实 A 的解释，而不是像归纳推理那样寻求概括或规律。C 也是一个特殊的、令人惊讶的事实。所以，溯因推理与归纳推理存在根本性的区别。

当我们试图理解特定的事实而不是规律时，我们不可避免地被迫选择或提出一种假说来解释这一事实。归纳推理从事实到概括，给我们规律性的知识。但是溯因推理会从对一个特定事实的观察移动到解释它的规则或假说，它揭示了这样一种观点：我们日常的推理在很大程度上是一种侦探式的工作，我们将数据视为线索，帮助我们理解事物。归纳推理的第一步需要溯因推理，因为我们需要在观察中引入一些框架，来理解哲学家所说的未经解释的经验数据。观察本身的意义在溯因推理中也发生了概念上的变化。归纳推理将观察视为可以分析的数据，而溯因推理则将观察到的事实视为指向世界某个特征的标志。迹象可以被认为是线索，因为它们从一开始就被理解为嵌入在一个可能的网络中，可能有助于指出和阐明对观察者而言的那些重要的问题。换句话说，"当我用一句话表达我看到的任何东西时，我就像是在做溯因推理。事实是，我们的整个知识结构是由经过归纳证实和提炼的纯粹假说编织而成的。在知识方面，如果没有每一步的溯因推理，就不可能在茫然凝视的阶段之外取得最小的进步"[1]。

智能的起源将是猜想的或溯因的，最重要的是有一个强大的概念框架来看待事实或数据。皮尔士指出，一旦智能主体产生了一个猜想，像演绎和归纳这样的下游推理就可以进一步明确猜想的含义，并提供一种根据经验进行确证的方法。结合演绎、归纳和溯因，皮尔士后期提出了科学探究的三阶段方法论程序。也就是说，皮尔士认为不同的逻辑推理在一起可以构成一个完整的框架："演绎法证明了某些东西必须是；归纳法表明某些东西实际上是运作的；溯因法只是表明某些东西可能是。"然而，正是这种可能性在现实世界环境中激发了我们的思考。

1　Charles Sanders Peirce. Collected Papers of Charles Sanders Peirce [M]. Harvard: Harvard University Press, 1934.

当然，需要警惕的是，如果我们试图把皮尔士关于溯因的概念看作对一个似是而非的假说的猜想，我们就会陷入肯定后件的逻辑谬误。当然，将溯因的逻辑形式视为糟糕演绎的变体，有助于解释为什么溯因推理在推理理论研究中容易被忽视，以及为什么溯因推理和人工智能中已经出现的那些机械方法是相抵触的。事实上，皮尔士自己对推理类型的表述清楚地表明，我们不能将溯因转化为一种演绎。溯因推理就其本质而言不能成为演绎推理的扩展形式，因为它打破了演绎推理的保真性。事实上，在支撑智力的三方推理框架中的所有三种推理类型都是不同的，即一种类型不能转换为另一种类型。当然，出于同样的原因，我们也不能将演绎和归纳的某种组合扩大到溯因推理。这意味着如果智能推理需要溯因，我们就不能只通过演绎或归纳来实现。这一观察结果对人工智能的研究至关重要。

拓 展 阅 读

1. 周志明.智慧的疆界：从图灵机到人工智能 [M].北京：机械工业出版社，2018.

2. [美]杰瑞·卡普兰.人工智能时代 [M].李盼，译.杭州：浙江人民出版社，2016.

思 考 探 究

1. 存不存在某种类型的推理，既是可靠的，又能扩展人们对于前提的认知？

2. 对于特定的问题来说，人类该如何判断人工智能系统所作出的行为不是"误打误撞"？

第 **7** 讲

规范与权利

——法律与人工智能（上）

2018 年，在美国的亚利桑那州，发生了一起优步公司（Uber）的无人驾驶汽车交通事故。一辆载有辅助司机的自动驾驶汽车与一位推着自行车过马路的行人发生了碰撞，该行人被撞并丧生。

这起事故引发了关于自动驾驶汽车法律责任和相关伦理问题的讨论。调查显示，该辆自动驾驶汽车未能检测到行人，而且并未采取适当的措施来避免碰撞。事故发生后，美国国家运输安全委员会对该事故进行了调查并发布了一份报告，该委员会指出了一系列导致事故的因素，包括技术局限、人为操作监督不足和不完善的安全措施。在这起事件之后，相关部门加强了对自动驾驶汽车开发和运营的监管。当天自动驾驶汽车上的辅助司机后来被控告涉嫌过失杀人罪，但是检察官却决定不起诉优步公司。那么，在这个案例中，谁应该对被撞的行人承担法律责任呢？而我们又能否将案件交给人工智能法官进行审理呢？

法律与人工智能的关系，归结起来有两层。其一是如何通过法律规制人工智能技术，即如何让人工智能技术符合法律规定，让其有法可依；其二是人工智能技术在法律中的应用，即提升法律领域中人工智能技术的水平。前者因为涉及具体的法学知识点以及较多的经典法学研究主题，而备受法学界关注。比如，在本讲自动驾驶汽车交通事故的案件中，谁应当负法律责任，是辅助驾驶员、设计自动驾驶算法的程序员，还是生产自动驾驶汽车的厂商？近年来随着人工智能技术的快速发展，越来越多的法学学者和认知科学学者也投入其中，诚如"法律与人工智能"所指，成为一类跨学科的研究。本讲我们将从法律之于人工智能出发，达致人工智能之于法律。

● 一 从法律到人工智能

从法律到人工智能，指的就是对于现在和未来的人工智能技术，我们需要什么样的法律。在这个领域中，人们所关注的是在人工智能技术的应用中所产生的法律问题，如算法歧视、算法偏见、算法操控，甚至法律主体资格等。为了判断本讲自动驾驶汽车案件中的法律责任应该由谁来承担，我们首先需要了解以下四个基本的法学概念。

第一，法律是什么？中国古代思想家管仲曾说："法者，所以兴功惧暴也；律者，所以定分止争也；令者，所以令人知事也。"从管仲的表达中，我们可知，法律在社会生活中发挥着重要的作用，它不仅可以规范人们的行为，保护公民的权益，更能促进社会的发展和进步，预防和减少各种社会问题。而在法律当中最为重要的一组关系就是权利与义务，它们相互联系、相互依存、相互制约，共同构成了法律规范体系的基本构成要素。权利和义务是相对的、平等的、一致的。在自动驾驶汽车的案件中，推自行车过马路的行人、自动驾驶汽车的辅助司机、自动驾驶汽车的生产商、自动驾驶汽车的程序设计员都有自己相应的权利与义务。比如，行人在推自行车过马路时，就拥有推车过马路的权利，但也具有推车过马路的义务，如行人应当遵循交通指示，在人行道上过马路等。

《汉谟拉比法典》

第二，法律从哪里来？成文法和判例法是最主要的两种法律渊源，换言之，法律有两种主要的表现形式，一种是由法律规范构成的法典，另一种是由判例构成的判例体系。我们将第一种表现形式称为"成文法"，"成文"二字便是成文法的精髓所在，一般成文法是指由国家机关依照一定的程序制定和颁布的，表现为条文形式的规范性法律文件。成文法典是社会法律的主要存在形式，而《汉谟拉比法典》则是最具代表性的楔形文字法典，也是世界上现存的第一部比较完备的成文法典。相应地，第二种法律表现形式为"判例法"，而判例法又称"英美法"或"普通法"。这种法律表现形式以判例为主，成文法为辅，人们承认判例具有普遍适用的效力。在判例法制度下，某一判决中的法律规则不仅适用于当前案件，而且往往作为一种判例同样适用于以后该法院或下级法院所审理的案件。只要案件的基本事实相同或相似，就必须以判例所定规则处理，这就是判例法中的"遵循判例"原则。这两种法律渊源不仅形成了当下不同的法律体系，也直接影响了法律人工智能的研究路径。

第三，法律由谁来执行？法律并不等于法院，法官更不等于法院。法律的执行主体可以是司法机关或行政执法机关，一般来说，司法机关是法律的最终执行者，而行政执法机关则是具体实现法律的机关。在我国，司法机关包括各级人民法院和人民检察院，它们是法律的最终执行者，对于违反法律的行为，它们有权进行审判和追究责任。同时，行政执法机关如市场监管、公安等也是执行法律的重要机关，它们依照法律规定的职责和程序，对违反法律的行为进行处罚或强制执行。除了司法机关和行政执法机关之外，其他组织和个人也可以成为法律的执行者。此外，公民、法人、其他组织等也可以成为自己权益的维护者，通过诉讼或其他方式来维护自己的合法权益。在自动驾驶汽车案件中，公安机关、检察机关、法院、受害人的家属、自动驾驶汽车的辅助司机和生产商都是法律执行中的参与者。

第四，有哪几种法律责任？法律责任可分为刑事责任、民事责任和行政责任三种。其一，刑事责任是指行为人由于犯罪行为，依法需要承担相关的刑事处罚，比如，张三因为盗窃行为而被判入狱；其二，民事责任是指行为人不履行或者没有完全履行义务，而应当依法承担的不利后果，比如，李四因为房子贷款逾期未还，被法院收回房产；其三，行政责任的特点是与行政行为相关的。本讲自动驾驶汽车案件中的焦点是民事责任和刑事责任，其中民事责任认定的核心在于判断自动驾驶汽车是属于一种产品，还是一种服务，而刑事责任认定的核心则在于犯罪嫌疑人是否具有犯罪意图。但毫无疑问的是，我们首先需要弄清事件发生的原委。

学者加布里埃尔·哈勒维（Gabriel Halevy）和马鲁尔特·葛斯纳（Maruerite Gerstner）认为，判断人工智能系统是否需要承担法律责任的问题至少取决于以下四个因素：其一，人工智能系统是属于一种产品，还是一种服务？其二，人工智能系统是否具有独立人格？其三，我们是否能够认识到人工智能系统的局限性，并将这种局限性告知消费者？其四，人工智能系统所承担的法律责任是民事责任，还是刑事责任？

整体来看，法律对人工智能技术的规制涉及多个方面，主要目的是确保人工智能技术的发展和应用符合法律规范、伦理道德，以此来保护个人权益和社会利益。需要注意的是，人工智能技术的法律规制是不断演变的，随着技术的进步和社会的需求，相关法律条文也在不断发展和完善。2024 年

5 月 21 日，欧盟理事会正式批准了《人工智能法案》，禁止在公共场所进行面部识别，并对 ChatGPT 等生成式人工智能工具提出了新的透明度要求。各国和各地区的法律法规可能存在差异，因此，深入了解特定法律体系下的人工智能规制是至关重要的。

二　从人工智能到法律

"法律人工智能"与"人工智能法律"是两个极为相似的概念，人们很容易将二者混淆。二者都聚焦于人工智能与法律的交叉问题研究，但事实上，二者却属于不同的领域。法律人工智能是"法律信息学"的研究对象，它关注的是人工智能技术在法律中的应用，属于人工智能的子领域和计算机科学的分支。在经过从法律走向人工智能的探索后，我们将仔细探究从人工智能走向法律的道路究竟如何。

从人工智能到法律，实际上就是指法律人工智能，就是指"法律信息学"（Legal Informatics）。德国哲学家戈特弗里德·威廉·莱布尼茨（Gottfried Wilhelm Leibniz）早在 17 世纪就从逻辑学出发探讨含混的法律情形，提出了法律公理化体系之梦，人们将其称为"莱布尼茨之梦"。莱布尼茨认为，通过发展计算机科学和自动推理技术，人类可以创造出具有高度智能和自主性的机器，这些机器可以自主地进行科学研究和发现新知识，这也是人工智能法官最早的雏形。后来，美国法律逻辑学家李·洛文杰（Lee Loevinger）在 1949 年提出"法律计量学"，以利用计算机对法律进行定量分析。这便是"法律信息学"的前世。

"法律信息学"是一个跨学科的领域，专注于法律和信息技术的交叉点，它涉及将计算机科学、信息科学应用于法律领域的各个方面。"法律信息学"旨在通过应用技术来改善对法律信息的获取，以此来支持人们作出法律决策，并且进一步通过技术提高法律系统和服务的效率、准确性与效果。

法律与人工智能

那么，"法律信息学"的今生究竟如何？根据维基百科（Wikipedia）的词条信息，"法律信息学"有以下多个重要的研究主题：法律推理的形式模型，论证和决策的计算模型，证据推理的计算模型，多主体系统中的法律推理，可执行的立法模型，法律文本的自动分类和概括，在法律数据库和文本中自动提取信息，基于概念或模型的法律信息检索，法律机器人自动执行次要和重复性的法律任务，诉讼风险评估、使用机器学习和人工智能进行风险评估、定价和预测时间轴等。

可以看出，"法律信息学"涉及开发、实施和使用专门为法律任务设计的软件应用程序、数据库和数字平台。它涵盖了法律研究、文件管理、案件管理、法律分析、电子数据发现、合同分析、法律文件自动化等领域。但是，正如约翰·麦卡锡在 1955 年提出的人工智能第一性原理——对象能被清晰描述是机器模拟的前提，"法律信息学"或法律人工智能，能真正实现其价值的前提是机器能像法律工作者那样进行法律推理。

但是，我们如何实现让法律人工智能系统像法律工作者那样进行法律推理呢？

我们从这一讲中可以得知，无论是从法律到人工智能，还是从人工智能到法律，法学的基本概念一直贯穿其中，这些法学的基本概念共同构成了法律中的事实与规范。但我们更需要进一步思考：法律的生命并不只在于经验，对于法律与人工智能而言，逻辑与论证更是有着无法替代的作用。

拓展阅读

1.武亚莉.以案说法：青少年必备法律知识读本 [M].郑州：黄河水利出版社，2014.

2.熊明辉，廖彦霖.法律人工智能（第1卷）[M].广州：中山大学出版社，2023.

思考探究

1.除了本讲列举的法律概念以外，你还知道哪些法律基本概念？

2.请问"法律人工智能"与"人工智能法律"有什么不同？

第 **8** 讲

规范与权利

——法律与人工智能（下）

随着法律人工智能研究的逐步深入，在法律人工智能中出现了规则推理进路（Rule-Based Reasoning）、案例推理进路（Case-Based Reasoning）、对话论证进路（Dialogue-Based Argumentation）和数据推理进路（Data-Based Reasoning）四种不同的研究路径。其中，前两条进路属于传统研究进路，第三条进路产生于20世纪90年代的欧洲，而第四条进路是进入21世纪以来伴随大数据时代的到来才出现的。

● 一 法律人工智能的不同研究路径

（一）规则推理进路

规则推理进路是成文法的典型代表，也是法律人工智能研究者的最早尝试。1981年，兰德公司民事司法中心就建立了一个专家系统，用来解决《侵权法》中产品责任案件的司法裁判问题。斯坦福大学计算机科学院的安妮·加德纳（Anne Gardner）在其 1984 年的博士论文中，便关注规则如何运行，她想寻找一个区分疑难案件和简易案件的原则性计算模型。

规则推理研究的目的是建立和应用法律规则，即建立和应用法律规范或法律条文。这种研究进路是通过规则，或者通过"如果……那么……"的语句形式来表示法律知识，每个规则都是由条件（前提）和行动（结论）两部分组成的。当我们面对一个法律问题时，规则推理系统会将已有的事实或证据与规则的条件进行比较。如果条件被满足，规则中的行动就会被触发，从而导致相关的法律后果。

在第 7 讲自动驾驶汽车的案件中，假设现实生活中存在以下这么一条规则。

前提：如果汽车撞倒了行人
结论：那么驾驶员需要承担法律责任

那我们便可将这一条规则添加到系统的规则库中，而后把自动驾驶汽车的案件与规则库中的规则相比较。因为从案件中我们已经得知，"一辆载有辅助司机的自动驾驶汽车与一位推着自行车过马路的行人发生了碰撞，该行人被撞并丧生"。所以，前提条件"如果汽车撞倒了行人"已经被满足了，那么规则推理系统就会得出"驾驶员需要承担法律责任"的结论。

规则推理的优势在于能够明确地表示法律规则，它使法律专家能够利用他们的知识和专长建构一套形式化的规则。这样一来，规则推理系统就能够系统地、一致地应用这些法律规则。然而，规则推理系统依赖于准确而全面的法律知识，它通常是在预先设定的规则范围内工作，在缺少手动修改规则的情况下，规则推理系统可能无法处理模糊的情形或适应新情况。

（二）案例推理进路
与规则推理进路不同，案例推理进路则是判例法的典型代表。"法律的生命不在于逻辑，而在于经验"，这是已故美国联邦最高法院大法官奥利弗·温德尔·霍姆斯（Oliver Wendell Holmes）在其代表作《普通法》中所写下的一句话，这种普通法的思想启发了案例推理的法律人工智能研究。20世纪80年代早期，埃德温娜·里斯兰（Edwina Rissland）已经开始研究如何通过假设性案例来进行推理，后来她的博士生凯文·阿什利（Kevin Ashley）在其博士论文中对一个案例论证程序进行了充分发展，使之成为第一个真正法律人工智能案例推理系统——海波系统（HYPO）。

案例推理通过检索判例和适用判例来为当前案件提供答案，它通过构建一个案例库来存储过去的案例，其中包含案例信息和司法裁判等构成案例的各种要素。当我们遇到一个新的案件时，案例推理系统会通过搜索案例库，找到与新案件相似的案例。这些被检索出的案例可能会成为判例，为当前案件的推理和决策提供基础。案例推理系统会分析新案件与检索出案例之间的相同之处和不同之处，假设判例A中有要素A1、A2、A3、A4，而当前案件B中有要素B1、B2、B3、B4，案例推理系统需要做的就是比对A1是否等于B1，A2是否等于B2，A3是否等于B3，A4是否等于B4。判例A与案件B中相似要素数量越多，我们以该判例A为标准来裁判案件B的可能性就越高。这是一个检索案例和对比的过程，核心思想是逻辑学中的类比推理。

以第7讲自动驾驶汽车的案件为例，案例推理系统会在它自身的案例库中寻找与目前案件相似的判例，如果没有能找到相似判例，那么案例推理系统将不能进行下一步推理。假设现在案例库中有一个普通汽车撞倒行人的判例C，那么案例推理系统就会将这个判例C中的构成要素与目前案件的构成要素进行比对，比如，行人的状态是否一致，汽车的类型是否一致等。

案例推理使法律人工智能系统能够从过去的经验中受益，并将其应用于新的情况。它利用了判例中蕴含的丰富的法律知识，提升了司法裁判的一致性。案例推理最突出的优势在于能够处理复杂和微小的法律问题。因为它可以考虑案例中的各种要素，例如，案例的具体细节、背景和以前决策的推理过程等。然而，案例推理也有其局限性。它在很大程度上依赖于案例库中的案例的可用性。当案例数量有限或案例信息不完整时，案例推理就会面临困难。

虽然有的学者坚持在规则和案例两者中非此即彼，但是规则系统和案例系统并非水火不容的两种进路。1992 年，里斯兰和她的学生斯卡拉卡建构了第一个真正结合案例推理与规则推理的系统，被称为"卡巴莱系统"（CABARET），该系统采用议程式架构，把经典的规则推理与海波系统中的案例推理整合在一起，卡巴莱系统主要用来解决美国税法中家庭办公税收减免的问题。从人工智能的视角来看，卡巴莱系统并非简单地按顺序依次调用规则和案例，而是动态交错地调用它们；从法律视角来看，卡巴莱系统试图探索如何实施法律解释，通过将案例推理和规则推理交织在一起，形成了一个由论证策略、论证步骤和论证基本类型组成的三重理论。

此外，卡巴莱系统还有一套论证步骤分类法，这种方法旨在表达实际的法律论证模式，比如，稻草人论证、量化论证等。这是一个重要的发展，因为它保证了对于论证策略的考量，这个想法后来通过对话博弈形式得到进一步发展。

（三）对话论证进路

在 20 世纪 90 年代中期，法律人工智能在处理法律推理中的一些核心问题上已经取得了明显的进展。自 20 世纪 90 年代以来，致力于探讨法律人工智能论证模式的学术共同体出现了，这一团体的明显特征是以论证和对话为核心来建构法律人工智能的形式模型。托马斯·戈登（Thomas Gordon）构建了一个法律诉答的对话模型，他的对话论证进路后来发展成为基于网络的芝诺系统；亚普·哈赫（Jaap Hage）、亨利·帕肯（Henry Prakken）和巴特·维赫雅（Bart Verheij）则在探讨论证模型方面取得了重大进展。

对话论证进路是一种通过对话方式进行法律推理和决策的方法，其核心是利用论证来理解对话。对话论证是指法律人工智能系统与用户或法律专业人员进行类似对话的交互活动，法律人工智能系统能够理解用户的问题，提供相关信息，并通过对话以探讨法律问题、提供解释或帮助其进行决策。诚然，现在风行的 ChatGPT 也是一种对话模型，但对话模型的智能程度不仅取决于其知识库容量的大小，更取决于解释对话的不同论证模式。

这种方法允许人机更动态地交流法律知识和推理。用户可以提问、设定法律情景、寻求澄清，并从系统中获得实时反馈和指导。对话论证系统依赖于自然语言处理和机器学习技术，从而理解和生成类似人类的回应。它们可以分析和解释法律文本、判例和其他相关法律文件，为用户提供准确且融会贯通的信息。

对话论证系统的优势在于能够处理复杂的法律问题、提供个性化的帮助。它在法律咨询、法律教育，以及为非专业人士提供法律信息方面有着重要的作用。然而，在人工智能与法律领域中实现有效的对话是一项具有挑战性的任务，它需要具备先进的自然语言理解、推理能力，以及一个完整的法律知识系统。确保准确性、兼顾法律与伦理，以及保护隐私都是开发此类系统时需要重点考虑的因素。

（四）数据推理进路

准确地说，数据推理进路其实应当是"大数据推理进路"的简称，它是进入 21 世纪之后法律科技公司热衷的一种自动法律推理建模进路，其目标是实现类案推送。从某种程度上讲，这一进路应当是案例推理进路的拓展。

数据推理进路是一种利用数据和统计分析来支持法律推理与决策的方法。它依赖于收集和分析法律数据，比如，法庭文件、法律规范、法律意见和其他法律文件。目的是从数据中提取模式、趋势和理解，从而指导法律分析和决策过程。通过分析法律数据，数据推理系统可以提供有价值的法律解释，预测法律案件的结果，确定相关的司法裁判，并协助进行法律研究和决策。比如，在自动驾驶汽车的案件中，数据推理系统会通过分析系统中所有相关的汽车案例，然后给出司法裁判的建议。但是这种建议是可以量化的，亦即具有概率的。

然而，数据推理进路也有其局限性。法律领域的数据可能不完整，存在偏见或需进行解释，这可能影响分析的准确性和可靠性。在解释数据推理的结论时，法律专业人士需要进行批判性思考，并考虑其他因素，如法律原则和伦理道德。

此外，关于法律人工智能的研究进路，更值得一提的是荷兰格罗宁根大学人工智能系负责人维赫雅将法律人工智能的发展概括为"四阶段、两进路"说。其中，"四阶段"是指：从1950年起，每25年为一个阶段，即1950年智能系统阶段、1975年知识系统阶段、2000年数据系统阶段，以及2025年论证系统阶段。"两进路"是指：知识系统进路和数据系统进路。知识系统进路是逻辑取向的，其中有效规则被视为知识的结构；数据系统进路是概率取向的，其中案例模型被视为数据，可用于学习。在维赫雅看来，在知识系统与数据系统之间存在着空缺，而论证系统正好可以把论证、案例和规则有机融合在一起，从而在两种系统之间架起一座桥梁。

二 法律人工智能系统的介绍

接下来将分别介绍海波系统、卡尔尼德斯论证模型、荷兰国家警察人工智能实验室和上海206系统，最后回归到"我们需要一种怎样的法律人工智能"的反思。与法律人工智能的研究路径相对应的，是由阿什利提出的基于案例的海波系统，海波系统被认为是法律人工智能系统的"祖师爷"。而由道格拉斯·沃尔顿（Douglas Walton）和戈登提出的卡尔尼德斯论证模型，则是以论证型式理论为基础的法律人工智能系统，其核心是通过论证型式和批判性问题来完成相关法律行为的评价。此外，弗洛里斯·贝克斯（Floris Bex）

将论证、概率和叙事的混合式法律人工智能运用在荷兰警察发现犯罪的实践中，该系统被称为荷兰国家警察人工智能实验室。最后，我国上海206系统实现了公检法司刑事办案信息数据的互联互通，并首次建成从打击犯罪到司法审判，再到改造罪犯的人工智能辅助办案工作链接。

（一）海波系统

如前面所述，海波系统是由阿什利开发的具有极重要地位的法律人工智能系统，它的研究对象是《美国商业秘密法》。其中HYPO代表"假设"，该系统旨在帮助法律专业人士分析和评价案例，而海波系统背后最重要的思想是维度，以及一种特殊的论证概念，即三层论证。

其系统的核心是首先在判例中提取裁判所需的维度，这和我们在案例推理中介绍的要素是相似的，而后将维度作为参照与当前的案例进行维度之间的比对，最后采纳相同维度更多的判例作为裁判的理由。在思考如何进行案件推理的时候，我们遇到的最大困难是：当我们考量案件事实的时候，这些事实之间往往看似相似，但是实质上是大不相同的。因此，海波系统引入了"维度"这一概念，使案件中不同的维度能够互相匹配和比对。这些维度与当前案件中的法律问题是相关的，但判例中的维度可能适用于当前的案件，也可能不适用。实质上，海波系统通过引入"维度"这一概念，实现了判例和当前案件之间的类比推理。

此外，海波系统的论证结构有以下三个层次。

第一，提出判例理由。其中一方引证一个判例。如原告为自己这方找到一个判例1，这个判例1必须是与当前案件有相似之处，并且原告还会建议法官根据判例1来对当前案件进行裁判。

第二，回应。被告对于原告的回应，主要是对原告判例中的内容进行区分（即指出因为判例1与当前案件存在哪些不同，所以

我们不应该遵循判例 1），并列举反例（判例 2），被告列举的判例 2
至少需要和原告列举的判例 1 同样是适用于当前案件的。

第三，反驳。原告现在试图反驳被告在第二层面的论证，所以，
原告需要区分反例（即被告所列举的判例 2），强调被告在第二层论
证中试图说明原告判例不成立的理由，都不是致命的。

海波系统在法律人工智能领域具有重要影响，因为它展示了法律人工智
能系统在法律分析和决策方面的潜力，同时展示了基于规则的推理等人工智
能技术应用于法律的情景，并为法律研究和教育作出贡献。需要注意的是，
海波系统是在 20 世纪 80 年代末和 90 年代初开发的，法律人工智能领域自
开发以来已经取得迅速发展。近期的其他法律人工智能系统已经结合了其他
人工智能技术，如机器学习和自然语言处理，以处理更大的数据集并提供更
复杂的法律分析。

（二）卡尔尼德斯论证模型

卡尔尼德斯论证模型是基于沃尔顿的论证型式理论所开发的法律人工智
能模型，该论证模型致力于实现论证的计算。戈登、帕肯、乔瓦尼·萨托尔
（Giovanni Sartor）等学者都与沃尔顿在该论证模型上进行过合作。

卡尔尼德斯论证模型聚焦于法律论证的分析和评价，通过将论证表示为
一组主张，继而通过支持、攻击和削弱三种关系连接不同主张来实现论证的
计算。其中的两点核心是论证型式和抽象论辩框架。

论证型式是沃尔顿在论证理论的重要贡献，其关键是通过论证型式和批
判性问题来对一个论证进行分析和评价。以专家意见为例，专家意见的论证
型式如下。

大前提：E 是命题 A 的领域 S 的专家。

小前提：E 主张命题 A 为真（假）。

结论：A 为真（假）。

而专家意见论证型式相应的批判性问题如下。

专业性问题：E 作为专家来源的可信度如何？

领域问题：E 是 A 所在领域 S 的专家吗？

意见问题：E 主张什么意味着 A？

可信度问题：E 个人作为消息来源可靠吗？

一致性问题：A 是否与其他专家的主张一致？

证据支持问题：有证据支持 E 的主张吗？

假设在进行法律领域关于专家意见的论证中，卡尔尼德斯论证模型不仅要求论证满足专家意见论证型式的前提，还会通过相应的批判性问题予以检验。而抽象论辩则以"谁笑到最后，谁笑的声音最大"为原则，即在不同的论证之间，不被其他论证攻击的论证最为可靠。

此外，卡尔尼德斯论证模型运用形式逻辑和论证理论来刻画法律论证的结构与动态，并采用了图形符号表示法，以可视化方式呈现论证，使得分析和理解复杂的法律推理更加容易。

（三）荷兰国家警察人工智能实验室

荷兰国家警察人工智能实验室（National Police Lab AI）是乌得勒支大学与荷兰国家警察的一个人工智能合作项目，该实验室专注于将人工智能技术应用于执法领域，旨在利用人工智能技术提升警务能力。荷兰国家警察人工智能实验室作为一个知识共享和合作平台，促进了学术界、执法机构和其他相关方之间的合作。它与外部组织建立合作伙伴关系，开展联合项目，并促

荷兰国家警察人工智能实验室界面

进在人工智能和执法领域的专业知识结合与思想交流。

　　该实验室从事研究和开发活动，探索人工智能在执法的各个方面的潜在应用，例如，犯罪预测、模式识别、数据分析和决策支持系统。实验室的领导者是乌得勒支大学计算机科学教授贝克斯，他与实验室的其他研究人员一同致力于改善操作效率、优化资源配置，并通过应用人工智能技术来加强侦查技术。

　　荷兰国家警察人工智能实验室的关键推理方法是规则推理和数据推理相结合，这种混合方法利用结构化知识和经验数据来得出结论并作出明智的决策。规则推理采用预定义规则和逻辑推理来分析与解释信息。这些规则源自法律规范、政策和既定程序。通过利用规则推理，该法律人工智能系统便可以按照一系列逻辑步骤评估情况，识别相关因素，并根据现有的规则和知识进行推理与判断。

　　除了规则推理以外，荷兰国家警察人工智能实验室还运用了数据推理，即数据驱动分析。这涉及收集、处理和分析大量的数据，以发现模式、相关性等。数据推理可以使用机器学习技术从数据中提取有意义的信息，例如，犯罪模式的预测模型或异常检测。而为了克服数据的偏见、算法"黑箱"等问题，荷兰国家警察人工智能实验室的法律人工智能系统还运用了一种混合的论证方法，即运用将论证、概率和叙事进行混合的论证系统，从而使该法律人工智能系统的结论更具解释力。

通过结合规则推理和数据驱动分析，荷兰国家警察人工智能实验室旨在发挥这两种方法的优势。规则推理确保了遵循法律规范和既定程序，而数据驱动分析则会发现可能未被规则明确覆盖的模式和趋势。通过充分发挥人工智能的优势，荷兰国家警察人工智能实验室致力于作出更有效和数据驱动的执法策略，提高国家公共安全水平。

（四）上海 206 系统

上海 206 系统是指中央政法委于 2017 年 2 月 6 日下发《关于推进以审判为中心的诉讼制度改革的意见》后，上海市公安局为推进以审判为中心的诉讼制度改革而开发的一套全新的智能辅助办案系统。

该系统包括了"智能辅助审讯系统"和"智能辅助庭审系统"两个子系统，通过深度应用人工智能技术，实现了办案流程的全面智能化。"智能辅助审讯系统"主要通过语音识别、自然语言处理、机器学习等技术，实现对审讯过程的自动化监控和分析，能够自动识别犯罪嫌疑人的言辞和语音，自动提取关键信息，并根据分析结果自动调整审讯策略，从而提高审讯效率和准确率。

"智能辅助庭审系统"则主要通过人脸识别、图像处理、机器学习等技术，实现对案件材料和案情的自动分析与研判，能够自动识别案件中的关键信息和疑点，自动生成笔录、文书等法律文件。

上海 206 系统具有以下几点优势。

第一，提高了审判效率和准确率。上海 206 系统采用了人工智能技术，能够自动识别和分析案件材料与案情，自动生成笔录、文书等法律文件，并能够对法律文书进行自动校对和修改，为办案人员节省更多的时间用于案件调查和证据收集，从而提高办案效率和准确率。

第二，减少了司法任意性。上海 206 系统全面构建了我国刑法确立的罪名在办案中常见的 102 类刑案的证据标准、证据规则体系。为办案人员收集、固定证据提供了"看得见、摸得着、可操作、数据化"的标准和指引，减少了司法办案的任意性。

第三，提高了司法公正性。上海 206 系统采用了统一的法律数据标准，能够减少司法判断的主观性和随意性，保证了司法公正性。

第四，强化了大数据深度应用。上海 206 系统是一项"以审判为中心的诉讼制度改革"工程，通过强化大数据深度应用，能够更好地实现数据化办案。

上海 206 系统于 2018 年 3 月正式启动。经过一年多的研发和测试，该系统已经在上海市公安局全面推广使用，并且取得了良好的效果。该系统的使用，使得上海市公安局在审讯、办案等方面的智能化水平得到了很大的提升，同时也为全国的司法改革提供了新的思路和经验。

法律人工智能的研究和实践的确取得了较大的发展，但仍有较多的难点需要进行攻关，如有效的法律知识表示、复杂且可解释的法律推理与决策、大量的法律文件分析、兼顾法律规范和伦理道德等。然而，法律与人工智能之间的关系不是非此即彼，只有通过法律、逻辑、论证及计算机等学科之间的交流与合作，我们才能更好地发展法律与人工智能。

1. [美] 凯文·D.阿什利.人工智能与法律解析——数字时代法律实践的新工具 [M].邱昭继，译.北京：商务印书馆，2020.

2. 马长山.迈向数字社会的法律 [M].北京：法律出版社，2021.

思 考 探 究

1.你认为法律人工智能系统会取代法官吗？为什么？

2.我们应该如何实现法律与人工智能更好地协同发展？

人工智能的
哲学审视

下篇

第 **1** 讲
人工智能与逻辑推理

——人工智能比人类更擅长推理吗？（上）

在人工智能发展史上，人们对人工智能曾抱有过乐观的期待和憧憬，也经历过沮丧的怀疑和低谷；有人满腔热忱，也有人忧心忡忡甚至心生畏惧，这些在本书上篇的介绍中可以窥见一斑。时至今日，人工智能助手、智能家居设备、自动驾驶汽车、AlphaGo、ChatGPT……一个又一个日臻完善的人工智能应用案例呈现在世人眼前，我们不得不承认人工智能已经渗入我们日常生活的方方面面，并一次又一次用实力刷新着我们的想象。

很自然地，人们不禁要问：能否说人工智能比人类更擅长推理呢？自计算机科学技术诞生以来，许多事实都表明，人工智能有比人类更擅长推理的地方。本讲我们就谈一谈 AI 的"过人之处"。

● 一　人非机器

20 世纪 70 年代，人们便开始探索如何让计算机完成数学定理证明，其中一个经典案例是数学家们利用计算机辅助证明，解决了数学史上 100 多年都未解决的棘手问题——"四色猜想"。四色猜想是英国人弗兰西斯·格斯里（Francis Guthrie）在 1852 年进行一项为地图着色的工作时，根据自己的观察率先提出的一个假设。简而言之，他猜想"对于任何一张地图，只需使用四种颜色就能让具有共同边界的国家着上不同的颜色"。为了在数学上严格地证明这个假设，当时的许多著名数学家都尝试了相关证明工作，最后却发现这个看似简单的猜想证明起来异常困难。最终，四色猜想在 19 世纪被视为与费马定理、哥德巴赫猜想齐名的"世界三大数学难题"之一。

"四色猜想"地图的一个例子

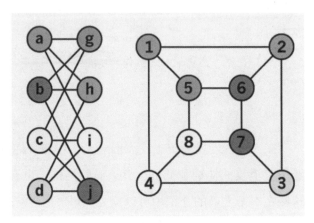

图论中的一个研究示例

　　直到 20 世纪，计算机问世以后，四色猜想的证明才出现转机。1976年，数学家肯尼斯·阿佩尔（Kenneth Appel）和沃尔夫冈·哈肯（Wolfgang Haken）在美国伊利诺伊大学的两台计算机上，耗费 1200 个小时，作了 100 亿次判断，终于证明了四色猜想，使之成为"四色定理"。四色定理是第一个主要借助计算机证明的重要定理，其证明显示了计算机在推进数学研究中的潜力。比如说，图论是一个研究图（由边连接的节点的网络）的数学分支，四色定理的证明带来了图论领域的进步，引起了更多学者的研究兴趣，也向人们揭示了不同学科之间的相关性，以及跨学科方法在问题解决中的作用。

数学史上著名的棘手问题最后利用计算机实现了证明，说明智能机器在处理形式推理方面的确有"过人之处"。近些年来，人工智能领域的研究者已经开始利用深度学习和其他人工智能技术来辅助自动定理证明（Automated Theorem Proving，简称 ATP）这个研究分支的工作。例如，ChatGPT 已经显示出了在解决数学问题和理解复杂数学文本方面的能力。

通过上述借助计算机完成形式定理的严格证明的例子，我们可以把推理想象成完成一个巨大、复杂的拼图，那么在推理能力上，人类与人工智能相比至少在以下几个方面难以匹敌。

（一）人非机器，孰能"无过"

首先，人工智能即便夜以继日地长时间工作，也不会因为过于疲劳、无法保持注意力的集中而分心，导致计算出错。无论是对第一块还是第一百万块拼图，它都会保持快速、高效地处理计算。而且，有些拼图在完成的过程中要涉及大量复杂的数学计算，人工智能在执行这些计算时比人类更迅速，更能保证准确性。相比之下，人类会随着时间的推移感到劳累、无聊或体力不支，从而可能导致计算出错或者进展变慢。

（二）人非机器，孰能"无情"

人在工作过程中，总可能受到各种各样因素的干扰，除了疲惫以外，还可能因为工作环境、经济条件、情感状态、生理状况等变化，产生情绪上的波动，降低计算效率和准确度，甚至因为一些严重的影响不得不中止工作。而机器要维持工作状态，虽然也受限于一些客观条件，但只要能够达到运转的基本要求，影响工作效率和质量的因素就要少得多了。

（三）人非机器，孰能"无穷"

当拼图无比巨大，有数百万个微小的组成部分时，人工智能就像一个可以记住每一块拼图的超强大脑，不论有多少块拼图，它都可以快速地检索每一块，看它们如何拼在一起。相比而言，人类大脑的记忆能力一次只能容纳有限数量的拼图块，并且需要耗费更长的时间来整理它们。此外，人工智能可以被训练来快速地识别拼图块中的模式。例如，颜色相似的拼图块通常在一起，机器在遇到几个例子后就可以总结出这一点，然后将这一特点应用到其他的拼图块中。人类当然也擅长识别模式，但当拼图很大的时候，我们可能需要更长的时间来总结和记忆每块拼图特点。在大数据时代背景下，人工智能可以在短时间内处理和分析海量数据，通过深度学习等学习算法，在大规模数据中识别模式，发现关联性、生成预测，并且随着数据的增加不断改进其预测和决策，而人类在这些方面的能力显然是有限的。

除此之外，在前几讲中我们曾提到过逻辑学与人工智能这一学科发展之间的深刻渊源。数理逻辑使用符号化的语言，能够清晰而精确地描述推理和论证，从而避免自然语言可能带来的模糊和歧义。人工智能的发展也与之相辅相成：符号逻辑是人工智能诞生的重要源泉，而人工智能又可以辅助形式定理的证明，促进逻辑学的发展，以及新的研究方向的诞生。从这个角度来说，符号逻辑在推理中的优点，当然也是被人工智能推理所继承的。

二 AI 之所长

说到推理，我们知道，论证是人类表达推理的一种基本形式，也是代表性的推理方式。论证由命题组成，而命题是可以判断真假的陈述句。下面我们给出两个简单的论证例子。

论证一：没有一条鱼是有理性的。　　　论证二：所有大学生都是应该学逻辑的。
　　　　　所有的鲨鱼都是鱼。　　　　　　　　　所有高中生都不是大学生。
————————————————　　　————————————————
所以，没有一条鲨鱼是有理性的。　　　所以，所有高中生都不是应该学逻辑的。

这两个论证各由三个命题组成，并且这些命题都无法再拆分为更简单的命题，是最简单的命题形式。同时，这些命题都断定一类事物具有或者不具有某种属性。比如说，"没有一条鱼是有理性的"，断定的是所有的"鱼"都不具备"有理性的"这一属性；而"所有高中生都不是大学生"，断定的是所有的"高中生"——尽管可能是"准大学生"，目前都还不具有"大学生"这一属性。我们可以把这样的命题称为"直言命题"或者"性质命题"。上面所给出的这两个论证，如果我们暂且不讨论它们的对错，仅从构造上来看，它们都分别由三个直言命题所组成，其中前两个命题是前提，最后的命题是结论，因此，二者都属于古希腊哲学家亚里士多德所提出的"直言三段论"的推理形式。

从逻辑框架上来说，如果一个论证只要前提真，就一定能够保证它的结论为真，那么就可以说这个论证是"形式有效的"。三段论是逻辑上说的形式有效论证的最基本形式之一。因此，下面我们介绍一些简单的三段论知识。

首先，在直言命题中，代表被断定的事物的词项称为"主项"，表达事物性质的词项称为"谓项"。例如，在"没有一条鱼是有理性的"和"所有高中生都不是大学生"这两个命题中，"鱼"和"高中生"分别是主项，"有理性的"和"大学生"分别是谓项。此外，在一个标准的直言三段论命题中，我们可以找到三个词项。例如，上述"论证一"中的三个词项分别是"鱼""鲨鱼""有理性的"；"论证二"中的三个词项分别是"大学生""高中生""应该学逻辑的"。直言三段论命题中的三个词项在前提中两两产生关联，最后得出结论。通常可以把结论的主项称为"小项"，结论的谓项称为"大项"，而只在前提中出现的词项则称为"中项"，因为它主要起到了关联"小项"和"大项"的媒介作用（在上述两个论证中，中项分别是"鱼"和"大学生"）。如果我们用字母 S、P、M 分别表示"小项""大项""中项"，那么"论证一"

和"论证二"的形式可以分别表示如下。[1]

论证一：所有M不是P（MEP）　　　论证二：所有M是P（MAP）

　　　　所有S是M（SAM）　　　　　　　　　所有S不是M（SEM）

————————————————　　　　————————————————

所以，所有S不是P（SEP）　　　　所以，所有S不是P（SEP）

　　根据亚里士多德所总结的三段论推理有效形式，第一个论证是有效的三段论推理，第二个论证则不然。从形式上看，原因在于在第二个论证中，大项（P）在前提中没有被断言全部，而在结论中却被断言了全部[2]，因此导致推理形式无效。下面根据"论证一"和"论证二"分别作出欧拉图，从中也可以看出"论证二"为何不是有效的三段论推理形式——在符合前提要求的情况下，"S"和"P"之间可能有交集，并非"所有 S 不是 P"。

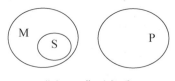
"论证一"欧拉图

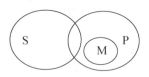
"论证二"欧拉图[3]

　　再者，根据论证形式有效性的要求，如果一个是论证形式有效的，那么使用了相同形式的论证在前提真的情况下，结论也必然为真。但事实上，我们可以尝试构造一个与"论证二"形式相同的论证："所有的狗（M）都是动物（P）。所有的猫（S）都不是狗（M）。所以，所有的猫（S）都不是动物（P）。"从这个论证就可以看出，"论证二"的推理形式一定不是有效的，因为可以

————————————————

1　也可以同时用 A 和 E 分别表示命题类型为"全称肯定"和"全称否定"，代替自然语言的"所有……是……"和"所有……不是……"。参见：何向东.逻辑学（第二版）[M].北京：高等教育出版社，2018：35—37.

2　也就是说，大项在前提中不"周延"，但在结论中"周延"。参见同上书，第37—39页。

3　根据论证 2 所画出的欧拉图有三种可能的情况，这里给出了其中一种，其余两种请同学们自己思考补全。

找到一个和它形式完全相同的论证，在前提真的情况下，结论显然为假。

古希腊还有位名叫欧布里德的哲学家，以善辩著称，提出过许多流传至今的著名"诡辩"。比如，"你没有失去的东西仍在你那里；你没有失去角，所以，你是有角的人"。从形式上来看，这个论证似乎是有效的。这个论证的问题在于从语言上偷换了概念：在"你没有失去的东西仍在你那里"这个前提中，"你没有失去的东西"应当是指"你原本拥有，并且没有失去的东西"；而在"你没有失去角"这个前提中，表达的是"角是你没有失去的东西"，这里的"你没有失去的东西"就未必指原本就拥有的东西了。因此，欧布里德利用字面上的相似，刻意混淆概念，由此构造了一个诡辩。

"你是有角的人"诡辩的推理图示

不论是从上述三段论的例子，还是偷换概念的诡辩，我们都可以看出，以人们常用的自然语言表达推理可能会对推理形式的有效性分析造成干扰，使我们不易分辨推理是否正确。而使用更精确的符号语言构造推理是为了摒除这些干扰。这也正是著名的哲学家兼数学家莱布尼茨所希望实现的目标之一，即创造出一种通用语言，可以精确地、有逻辑性地表达所有的人类思想，使得人们只要通过计算，便可以解决所有误会和分歧。这一愿景与现代AI试图构建精确且全面地捕捉和表现人类知识的模型，以实现推理和问题求解的基本思路是一致的。可以说，人工智能系统天然地擅长处理各种形式推理，可以通过编程使用数学技巧和算法，高效地处理大规模推理和复杂问题，并且在算法无误的情况下保证推理的正确性，如今还可以通过各类机器学习方法不断自我完善，这些都是人工智能超越人类推理能力的地方。

拓 展 阅 读

1. [英]马丁·坎贝尔－凯利，[美]威廉·阿斯普雷，内森·恩斯门格，等.计算机简史（第三版）[M].蒋楠，译.北京：人民邮电出版社，2020.

2. [美]伯纳·派顿.身边的逻辑学[M].黄煜文，译.北京：中信出版社，2011.

思 考 探 究

1. 根据本讲分析，人工智能的发展确实能够拓展人类处理推理的能力，然而形式有效性就是我们在推理方面的所有追求吗？

2. 从推理的角度而言，我们希望人工智能的下一站去向何方？在哪些具体的方面继续取得突破性进展呢？

第 **2** 讲
人工智能与逻辑推理

—— 人工智能比人类更擅长推理吗？（下）

前一讲我们论述了人工智能在推理方面的一些长处。然而至少到目前为止，我们不难想到，人工智能在有些方面又显得十分"低能"，以致有时被调侃为"人工智障"。在情景喜剧《生活大爆炸》中，主角谢尔顿是一个智商超高并且 15 岁就获得博士学位的天才物理学家。他博闻强识，记忆力和逻辑能力超群，却对他人的面部表情和情绪解读困难，也十分缺乏对幽默和讽刺的理解能力，因此，他常常被同事和朋友们调侃是一个"机器人"——当然，谢尔顿本人在多数时候认为这是一种夸奖。在日常生活中，和他打交道的司机、服务员、护士等也经常因为类似的原因不相信他

《生活大爆炸》剧照

的科学家身份，反倒怀疑他的智力有问题。剧集中的这种隐喻除了带来喜剧效果外，也恰好反映了人工智能与人类相比，其不擅长的方面。

一 最简单也最复杂

20世纪末期，汉斯·莫拉维克（Hans Moravec）等人工智能学者提出："要让电脑如成人般地下棋是相对容易的，但是要让电脑有如一岁小孩般的感知和行动能力却是相当困难，甚至是不可能的。"也就是说，并非像早期的人工智能学者所以为的那样——只要能够使机器可以解决那些对人类来说相当困难的问题，简单的问题就更会迎刃而解。事实上，对人类来说，最简单的那些推理却可能会让智能系统和机器人左右为难。这个观点也被称为"莫拉维克悖论"（Moravec's paradox）。

与前一讲相对应，我们先总结人工智能推理中的难点问题。

（一）言外之意，难以意会

仿佛谢尔顿听不懂讽刺话语一般，人工智能也难以解读人们的言外之意、弦外之音。这里的言外之意包括对话的文化背景、语境，以及说话人的面部表情、肢体语言、语调和情绪等。以面部表情为例，目前深度学习技术已经在表情识别方面取得了显著的进步，相关模型可以通过训练来识别和理解人类面部表情，但要区分来自不同年龄、性别、种族或文化背景的人的表情，以及对于细微表情变化的捕捉、情境与表情的综合理解仍是需要解决的难点。许多人类下意识就能够根据已有的知识进行推理并作出反应的情境，对于人工智能来说，却是非常复杂的多模态推理，需要能够准确接收和理解多种类型的输入，分析这些输入之间的关联和相互影响，进而作出判断。要同时解决这些问题，像前一讲提到的人工智能"多快好省"的优势似乎就消失了，倒是人类处理起来要高效得多。

（二）知其然，不知其所以然

人工智能本身不具备推理直觉。对于人类来说，即使没有学习过任何的逻辑推理知识，也能够在生活中总结出许多经验和常识，并且由于对这些生活经验和常识背后意义的理解，不会作出违背基本理性直觉的判断。人工智能系统能够在一定程度上实现类比推理，但对于从未在深度学习的训练数据中出现过的情况，由于理解不了深层的意义，就很难像人类一样触类旁通。而且，对于涉及自然语言、复杂问题或需要深入理解和判断的推理，人工智能不能保证推理结果符合一致性的基本要求，即有可能同时得出一些与人类认知上相矛盾的结论。譬如，人工智能系统不能从形式上判断"已婚人士"和"单身汉"之间的冲突关系，如果缺乏或者未能成功获取表达"单身汉＝非已婚人士"且"已婚人士＝非单身汉"这样的关联知识或规则，就有可能通过"约翰戴婚戒，所以他是已婚人士"和"约翰独自去酒吧，所以他是单身汉"这两个论断，推理并得出"约翰是已婚人士"且"约翰是单身汉"这两个显然不能同时被接受的结论。

（三）人与人工智能的悲喜不相通

人工智能并不能真正理解人类情感和道德。目前，我们或许可以让人工智能系统在一定程度上识别和回应人类情感，同时将道德规范编码在系统程序中，但人工智能与人类对其背后意义的理解是截然不同的。自动驾驶汽车可以被设计为以保障人类安全为第一优先级，但这样的道德原则必须被工程师明确地编码到程序中，然而，道德决策往往涉及复杂的判断，需要考虑情境、社会文化，理解社会规范和价值观，这些都超出了当前人工智能系统的能力。因此，我们也不能确定人工智能的推理结果是否符合人们的道德期待和伦理准则，这就导致人类难以在重要问题上信任人工智能系统给出的回答或决策，从而也限制了人工智能本身的应用。

为什么我们要强调意义和解释的问题呢？以法律情境中的推理为例来阐

释。如今，人工智能已经可以通过扫描人脸的关键特征并利用神经网络推测出被扫描者的身份。这个系统被利用在许多门禁设施中，负责对来客是否有进入权限作出判断。那么，请设想另一个将决定权交给人工智能的场景：你前往警局或法庭接受一个事关刑事案件的调查。你被要求在一个大屏幕上输入一些个人信息与陈述，经过大约一分钟的计算后，大屏幕显示出一个结果：您有罪，被判有期徒刑 3 年。你是否会接受这样的法律推理结果呢？

很显然，几乎不会有人愿意接受这样的法律推理结果。哪怕我们再加上更多有利的条件，例如，在测试中，这个人工智能系统对过去的法律案件的推理准确率高达 99%，对这个系统的可信赖度也不会得到丝毫提升。这是因为，在许多特定领域，如医疗、法律等，推理的含义要远比一个机械的过程要深刻，所关注的也远不止输入与输出的匹配度这么简单。目前，许多数据驱动的人工智能算法以可计算性为基础，以量化特征的匹配度或概率值为核

人类潜意识如冰山一角

心，"牺牲"了大量可解读的表达。因此，即使它们能够用极高的准确度与速度预测出一个案件的结果，却不能回答最基本却最重要的问题："为什么？"在法律领域有一句著名的话语："法律的生命不在于逻辑，而在于经验。"[1] 这指出的正是当下人工智能与法律推理之间的鸿沟。在现实的法律中，即使法律文本与显式的规则没有变化，却完全有可能经过多方的讨论，形成新的法律解释与推理原则。这是以概念的确定性为基本的人工智能所无法理解的。

除了人工智能与法律方面的研究难点

---

1 出自著名法学家、美国最高法院大法官霍姆斯（Oliver Wendell Holmes, Jr.）。

之外，脑科学的研究发现告诉我们：人类大脑"有意识"的工作就仿佛海面上的冰山一角，而海面以下的大部分工作其实都是"无意识"的，但却能很好地完成许多我们以为"需要意识"去完成的工作。人工智能的工作，即算法，可以被描述为在模仿人类的显意识，即海面上的冰山部分。人类无法向AI"传授"或"赋予"潜意识的特征，而AI自己也无法获得这种能力。所以，有部分心理学和认知科学方面的研究者据此认为，AI与人类的决策方式不同，AI也不可能模拟人脑的工作。

🔵二 推理何为

结合上面的分析，再来回答这两讲的标题中提出的问题：人工智能比人类更擅长推理吗？从一些方面来看，肯定回答当然没问题。比如，计算机不具有人类在生理上的弱点，不会受情绪状态干扰，可以用比人类快千万倍的处理速度搜集和过滤海量数据信息，并且在满足一些基本要求的条件下，可以夜以继日不知疲倦地高效工作。然而，在上述方面具有比人类更强的推理能力的同时，人工智能却在另一些对于人类乃至一些具备低端智能的生物而言可以轻而易举地完成的推理工作上，表现得捉襟见肘、相当笨拙。

根据推理目的和类型的不同，也可以看出人与机器各自更为擅长的领域。

从最一般的角度来讲，推理可以分为演绎推理和非演绎推理两种。我们常说的逻辑推理（或者形式逻辑），一般指的是演绎推理。在日常推理、协商、劝说等对话情境下，更常见的则往往是非演绎推理。这时候，交流语境、文化背景、情感因素、认知能力、语言能力等都会对人们的推理造成影响。前者即我们在上一讲中所提到的形式上有效的推理，也就是前提真则结论必然真的推理；后者则不然，前提只需对结论提供合理的支持，如下述几个论证所示。

早晨出门时发现路面是湿的，所以昨晚下过雨。

听她的话总能办成事儿，所以这次要办成事儿也该听她的。

小明很会照顾宠物，所以小明应该也很会照顾人。

夫子庙年年元宵节都办灯会，所以明年元宵节也会办灯会。

基于不同角度的划分，这些论证列举了溯因、因果、类比、归纳等推理类型，即使保证前提真，这些推理的结论也都不是必然为真，等到人们发现或者获得了新的信息，此前的结论就有可能被推翻。事实上，不仅在日常生活中，上述推理类型在科学研究中也发挥着重要的作用。弗朗西斯·培根就在他的著作《新工具》中提出，"归纳逻辑为自然科学认识打开了又一扇窗"。只有前提蕴含结论的推理形式，才能保证推理的形式有效性。从这个角度上来说，演绎推理不能产生新知识，非演绎的推理方式才有可能成为"科学发现的逻辑"。从亚里士多德逻辑到数理逻辑，演绎逻辑的发展代表着哲学家、逻辑学家和数学家们对于逻辑真理的严格确定性的至高追求；而非演绎逻辑则提供了从特殊到一般、从部分到整体的科学思维方式。

关于推理的研究也可以从形式和非形式角度进行划分，这和演绎与非演绎推理的区分略有不同。自亚里士多德开始，关于演绎推理和论证的研究曾长期地占据着推理和论证研究中的主导地位。这种情况持续到 20 世纪 50 年代，图尔敏在《论证的使用》（*The Uses of Argument*，1958）等著述中批判了这种只关注形式有效性的传统，并指出："评价一个论证的好坏不应仅取决于形式上的有效，更应注意它是否能够在争辩中得到合理的辩护。"自此以后，非形式逻辑和论证开始兴起。这些研究以自然语言为基础，包括文本、影音、图像等素材，结合语用学、修辞学、哲学、心理学等多个相关领域的研究，分析人类推理和论辩过程中的各种现象和影响推理结果的各类因素，并从非形式的角度给出评估推理和论证好坏（而非"有效"和"真假"）的方法。

而时至今日，推理的形式研究也不仅限于演绎推理方面的研究。经典的演绎逻辑只能表示和处理基于确定性知识的精确推理，在常识推理、关于行动决策的实践推理等方面局限性十分明显。正如我们之前提到过的，人工智能领域的研究者已经注意到了这一点，并陆续提出了多种不确定性推理的表示方式，如概率推理、模糊逻辑、证据理论、效用理论等。这些方法依然以符号和数学方法为基础，因此仍与形式逻辑有较强的关联性。

根据对推理类型和目的的上述区分，人工智能比人类更擅长处理演绎逻辑、形式逻辑方面的推理问题，而人类在处理非演绎逻辑、非形式逻辑方面的推理问题时更具优势。接下来的问题在于，我们应当让人和人工智能在各自更擅长的领域内发挥所长，还是取长补短，以期相互促进和弥合呢？

出于不同的视角和考量，对这个问题的回答当然是见仁见智。也正因此，在几个领域内"各显神通"和"携手并进"的工作都在摸索着自己的逻辑轨迹，在无序中有序地推进着。形式逻辑与人工智能是天生的近亲，二者之间的关系自然是剪不断理还乱，尤其是各类不确定性推理和非单调逻辑方面的研究，谈论其在人工智能领域中的应用必不可少。非形式逻辑一方面继续扎根于现实世界中人类推理和论证的方方面面，落地务实；另一方面，也在为人工智能领域的许多方向提供工具和养料。例如，总结出自然语言论证的多种基本形式，为人工智能领域的论证挖掘和自然语言理解提供形式或"半形式化"的框架，同时也在自然语言推理和论证与形式逻辑、人工智能理论研究之间扮演着媒介或桥梁的角色。

此外，尽管我们在上一节提到，法律行业的一些专业人士指出了人工智能和法律之间的隔阂。但事实上，在当今的法律技术领域，一些学者也正在追寻这种隔阂的深层根源，并提出，也许直接从源头修改法律的表达方式与语义，人工智能才有真正接近法律推理的可能。显然，在这个方向上，也有很多科研工作者正摩拳擦掌，跃跃欲试。

在结束本讲之前，遵循一种逻辑与哲学的理性批判精神，我们还是希望提出几点反思。

当前在人工智能领域占据主流地位的机器学习、深度学习方法，都是以人工智能联结主义流派的主张为基础的，主要采用概率和统计方法，模拟人的生理神经网络结构，从这个意义上说，人工智能真的在做推理吗？前面对于"推理"这个概念，一直是在最广义的角度上看待的：只要能够对指定任务给出回应或决策，都可以视为"推理"。但是要回答这个问题，就需要我们进一步深究"推理"究竟是什么。如果推理指的是从一组前提出发，通过符合理性的推导关系得出结论的过程，那么人工智能的这一主流处理问题的模式和推理的过程是存在着本质区别的——机器学习方法主要从数据中学习模式，并使用这些模式进行预测或决策，但并不考虑前提和结论之间是否存在以及存在怎样的关联。

此外，我们所提到的计算机、算法、符号语言等，都是人类所创造的，创造的初衷也是为人类提供帮助，目前而言，除了科幻电影中的想象之外，没有证据证明人工智能具有（或者能够具有）自我意识，那么可以认为，人工智能也是人类所发明的一种工具。自古以来，人们发明工具生火、砍柴、打猎、捕鱼，却不会说是钻木取火的木棍、柴刀、猎枪、渔网等做到了这些事，那么人工智能所实现的推理，或许也可以视为人们借助工具所实现的人类推理。

ChatGPT 的热潮激起了人们对人工智能的思考和警觉，加州大学伯克利分校人工智能系统中心创始人兼计算机科学专业教授斯图尔特·罗素认为，要构建真正智能的系统，我们应当更加关注数理逻辑和知识推理，因为我们需要将系统建立在我们了解的方法之上，这样才能确保 AI 不会失控。"我担心我们在自欺欺人地认为我们正在走向真正的智能。我们所做的一切实际上是向根本不是真正智能模型的东西添加越来越多的像素"，罗素教授如是说。由于当前的人工智能算法和模型都是以"黑箱"的模式运行，而在人工智能系统的决策可能对人们的生命或财产安全造成重大影响时，人们需要它能够对决策过程提供一个合理且对人类而言容易理解的解释。因此，尽管符号主义路径在人工智能发展史上曾一度遭受冷遇，但正如罗素教授所言，融合逻辑与推理有助于将系统建立在我们所了解的方法之上，从而确保人工智能不会"失控"。

最后，对于一些领域来说，至少在目前看来，如果用人工智能代替人的工作，这项工作的意义本身就大打折扣了。比如，人工智能或许可以作出完美的诗词，运用华美的辞藻，甚至可以通过数据和统计使作出的诗词动人心弦，但是却失去了这种触动的本质，因为所有的情感在它这里只是一个需要完成的数值指标，而文学、绘画及音乐等艺术上的慰藉，很大程度上正在于心灵之间跨越时空的彼此映照，如若失却了一份真，就恍如镜花水月了。

拓 展 阅 读

1. [加] 赫克托·莱韦斯克. 人工智能的进化 [M]. 王佩，译. 北京：中信出版社，2018.

2. [美] 肖恩·格里什. 智能机器如何思考 [M]. 张羿，译. 北京：中信出版社，2019.

3. 陈波. 逻辑学十五讲 [M]. 北京：北京大学出版社，2008.

思 考 探 究

1. 你认为人与 AI 应当"各司其职"，还是"携手并进"？

2. 前一讲请大家思考从推理的角度而言，我们希望人工智能在哪些方面能够继续突破，那么从这一讲的内容出发，我们又希望避免它去向何方？什么样的技术手段或者伦理准则等有可能帮助人们实现这样的目标？

第 **3** 讲

人工智能与自我意识

——人工智能可能具有意识吗？（上）

　　正如美国总统奥巴马在 2013 年 4 月 2 日宣布启动"脑计划"时说道："作为人类，我们已经发现了数百光年以外的星系，研究了比原子还小的粒子，但我们仍然没有解开这个位于两耳之间 3 磅重的物质之谜。"人类意识大概是最后尚存的谜团之一。事实上，整个 19 世纪和 20 世纪，常规科学都没有触及意识的问题。因为这是一个模糊不清、界定不明的领域，它的主观性使客观实验无法进行。然而从 20 世纪 80 年代末期开始，认知科学、神经生理学和脑成像领域对意识发起了一次有力的实证进攻。现今关于意识问题的研究被置于神经科学研究的最前沿。

　　让我们从二元论谈起，脑与身体属于不同领域的理论在很早的时候就被提出来了。法国哲学家笛卡尔明确地提出了身心二元论：脑的意识是由非物质组成的，并不遵循物理规律。在笛卡尔看来，身体是物质实体，心灵是精神实体，两者是不一样的。那么，一个非物质性的"心灵"和一个物质性的"身体"如何能够互动？笛卡尔认为，大脑的松果体是身体和"心灵"相互作用

的场所。大脑接收躯体感官输入的
信息，并对它们进行处理，然后通
过松果体将信息发送给非物质性的
"心灵"。"心灵"进行思考和推理，
并决定要做什么，然后再通过松果
体向大脑发送信号，指挥躯体以恰
当的方式执行行动。这就是被称为
身心相互作用的二元论。笛卡尔从
一个绝对机械的视角来看待身体内

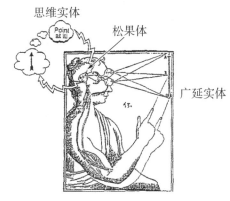

大脑如何思考

部的运作。他认为，我们都是精致的自动机器；我们的身体和大脑在运行时，
就好比教堂中的乐器——管风琴；我们的身体通过巨大的风箱把称为"动物
精神"的特殊液体压入储液器里，然后通过一整套管子排列产生出不同的节
奏与旋律，这就是我们的行为。

　　哲学家丹尼尔·丹尼特用"笛卡尔剧场"来比喻这一类观点。

　　　　笛卡尔式的物质论认为，在大脑某个地方存在着一个关键的终
　　点线或边界，它标出一个位置，在这个位置，信息到达的次序就等
　　于在经验中"呈现"的次序，因为在这里所发生的就是你所意识的。

　　　　　　　　　　　　　　　　　　　　　　——《意识的解释》

　　那么，为什么笛卡尔承认非物质的灵魂是存在的呢？因为他意识到他那
机械的模型无法为人脑的高级功能给出唯物主义解释。首先，笛卡尔无法想
象一台机器如何能够"使用单词或者其他符号来形成思想，就像我们把想法
告诉他人一样"。其次，机器无法实现灵活的推理这一人脑功能。机器是固
定的装置，只能"根据部件的组成"运作。它如何能产生层出不穷、各式各
样的想法呢？我们的哲学家得出结论："在任何机器中都不可能存在足够多样

的部件使得机器能像我们人类一样，理智地处理生活中遇到的所有状况。"

笛卡尔式的物质论今日也许并没有受到明确赞同，许多理论家会坚持说，他们早就明确地拒绝了这样一种"显然比较糟糕"的观点。与之相反，现在的主导观念是唯物论，它的核心观念是：只存在一种东西，也就是物质，亦即物理学、化学和生理学的物质性的东西，而心智从某种角度来说，不过是一个物质现象。简言之，心智就是大脑。按照唯物论者的观点，利用物理原理、规律和自然状态下的物质，原则上我们能够说明每个心智现象。人们开始解决笛卡尔所面临的挑战，包括我们的大脑是如何产生主观观点的，如何自由地运用这些观点并传达给他人的。现如今，关于意识的问题不再仅止步于推测，而是转变为实验问题。

"意识"一词含糊不清，包含了许多复杂的现象。我们的第一个任务便是要厘清这种状态。法国认知神经科学家斯坦尼斯拉斯·迪昂认为，当代意识科学区分了三个最小化概念：警觉——觉醒的状态，在清醒或睡着时发生变化；注意——将大脑的资源集中在特定信息上；意识通达——有一些受到关注的信息会最终进入意识，并且可以向他人传达。迪昂宣称，只有意识通达才能真正算作意识，因为一般而言，醒着的时候，我们决定要关注的点都可能称为意识，所以仅仅有警觉或注意都是不够的。当我们完全清醒专注时，有的情况下能够向他人描述对所看到物体的知觉，有的情况下却不能，可能是因为物体本身太暗或者一闪而过无法辨别。第一种情况下，可以说我们完成了"意识通达"，而第二种情况下则不能。

"有意识的"（conscious）和"意识"（consciousness）这两个总括性术语涵盖了各种心理现象，两者都具有多重含义。现在将分析"有意识的"这一词的概念。形容词"有意识的"在其自身的范围内也是异质的，既适用于整个生物体——生物意识，也适用于特定的心理状态和过程——状态意识。

● 一　生物意识

当我们在讨论生物意识的时候，关于哪些生物有意识而哪些生物没有，科学家和哲学家提出了各种各样的假设。这些观点涵盖了大量的可能性：从一开始认为只有人类有意识到目前认为几乎所有动物都具有体验世界的基本能力。以下六个是判断某种生物是否有意识的不同标准。根据所采取的标准不同，我们对于某种生物是否具有意识的认知判断也不同。

（一）感知（sentience）

感觉是生物意识体验中的一部分，是生物对外部世界主观的直接体验。例如，视觉、听觉、触觉、嗅觉和味觉等。知觉是对感觉的组织、识别和理解，是我们对外部世界主观体验的认知过程。感觉和知觉联系密切，经过感觉的输入和知觉的输出，生物能够产生对于外部世界的认知体验。在一般意义上，一种能够感知并对其世界作出反应的生物可能是有意识的。在这种意义上，意识是有程度之分的，不同生物在感知世界方面的能力和敏感度不同，而究竟什么样的感觉能力才是充分的，至今还没有明确的定义。

（二）清醒（wakefulness）

这进一步要求，生物实际上正在行使这种能力，而不仅仅是具有这样做的能力或倾向。在这一状态下，生物会感到自身正在敏锐地感知外部世界和自身的内部状态。因此，只有当生物是清醒的并且正常警觉时，我们才能把它算作是有意识的。从这个意义上来说，生物在处于睡眠或任何深度昏迷状态时都不算作有意识。同样，清醒与否这一界限是模糊的，可能存在诸多中间情况。例如，一个人在做梦、被催眠或神游状态时是否有意识，一个植物人是否可以被看作有意识，等等。

（三）自我意识（self-consciousness）

自我意识是指生物能够意识到自己的存在并认识到自身与外界的其他个体和环境之间存在区别及联系，可以简单地理解为对自身的意识。一个有自我意识的主体可以意识到某个恰好是他自己的东西，当我们在照镜子的时候，我们可以意识到镜子里的人是我们自己，但研究表明小猫似乎并不能意识到这一点。对于具有自我意识的主体来说，他们自己是觉知的对象是显而易见的。自我意识的要求可能有多种解释，哪些生物在相关意义上具有意识也会相应变化。如果它涉及明确的概念性自我意识，许多非人类动物甚至幼儿可能都不合格，但一些动物被认为具有一定的自我认知和自我感知能力，从这个层面来说，其他生物也拥有一定的自我意识。

（四）它是什么样的（what it is like）

这是指生物主观体验的独特性和不可言说性。该概念最早由美国哲学家托马斯·内格尔在其 1974 年的开创性论文《作为一只蝙蝠是什么样的感觉》中提出。在这篇论文中，内格尔假设蝙蝠是某种样子的，并把他的注意力集中在以第一人称视角了解蝙蝠是什么样子的，旨在捕捉另一种可能更主观的生物意识概念。根据内格尔的观点，从生物的心理或经验的角度来看，如果一个生物具有对于外部世界的主观认知印象，那么它是有意识的。他认为，当我们试图理解另一个生物的主观体验时，我们永远无法完全感知它们的"它是什么样的"层面，因为每种生物都有其独特的感觉和经验。在内格尔的研究中，蝙蝠是有意识的，它可以通过回声定位来体验它的世界，但我们作为人类却无法了解这种体验。因此，我们不能代入蝙蝠的角度来理解这种意识模式是什么样的。

（五）意识状态的主体（subject of conscious states）

这是用意识状态来定义有意识的生物的概念。意识状态的主体就是生物本身，也就是体验特定的意识状态的生物。也就是说，一个人可能首先定义是什么使精神状态成为有意识的精神状态，然后从拥有这种状态的角度来定义成为有意识的生物。一个人关于有意识的生物的概念将取决于他对意识状态的特定解释。

（六）及物意识（transitive consciousness）

除了上述这些不同的意义上将生物描述为有意识的，还有一些相关的意义，在这些意义上生物被描述为对各种事物有意识。这种区别有时被标记为意识的及物和非及物概念之间的区别。前者涉及意识所指向的对象，例如，我们可以意识到一个趋势、一个触感、一点刺痛。在这种情况下，指的是一个物体有或没有进入意识中。但是意识也可以是不及物的，就像我们说的"受伤的人仍然有意识"，这里，"有意识"便需要借助上述生物意识的不同概念来界定。例如我们刚才所讨论过的，在清醒、昏迷或是全身麻醉不同情况时，采取不同的概念会得出是否有意识的不同结论。

● 状态意识

状态意识指的是主观体验的状态，即对自己周围和内部的心理状态的感知。当我们处于不同状态时或许都可以被称作有意识的状态，但这些有意识的状态可能不尽相同。因此，有意识的心理状态的概念也有各种不同的含义，这些含义并不都是相互独立的，可能是相互关联的。我们至少可以总结以下六种主要含义。

（一）意识到的状态（one is aware of）

这是指主体对某种对象或事件的感知或注意力。在一种常见的解读中，有意识的精神状态是一个人意识到自己所处的精神状态。例如，当我们阅读一本书时，我们意识到页面上的文字，自己对内容的思想和感受，以及周围的外部环境。它可以进一步分为两个方面，第一个方面是感知性的，即我们对于感知对象的感知；第二个方面是注意力的，即我们对于这些事物的关注和集中。这个意义上的状态意识和清醒状态密切相关，无意识的思想和欲望仅仅是那些我们没有意识到拥有它们的思想和欲望，无论我们缺乏自知之明是由于简单的注意力不集中抑或是更深层的精神分析原因。

（二）定性状态（qualitative states）

这是指我们意识体验的主观品质或特征。这些体验或感受可以是感官上的，比如视觉、听觉、触觉、味觉、嗅觉等，也可以是情感、思维、意愿等方面的体验。它强调了意识状态的主观性和体验性质。也就是说，如果一种状态具有或涉及原始感官感觉的体验属性或经验性质属性，就可以将其视为有意识的状态。当你在油漆店里盯着一块明亮的蓝绿色斑块时，想想你的视觉体验。你主观地经历了那种体验。经历这种体验的感觉和你经历暗棕色斑块的感觉是非常不同的。这种差异就是我们常说的"现象性"。经验的现象特征是主观上经历经验是什么样子的。如果你被告知要将你的注意力集中在你经历的现象性特征上，你会发现这样做可以意识到某些品质。这些品质——当你自省时你可以接触到的品质，它们共同构成了体验的显著特征。在这一意义上，一个人对正在经历的蓝绿色油漆的感知或暗棕色斑块的感知都属于有意识的精神状态，因为它涉及各种感官感受，例如，一个人对斑块的视觉体验中的颜色感受。这个质性方面是我们自己主观感受到的，无法被外部客观观察到。关于这种质性的性质，甚至关于它们是否存在，都存在相当大的分歧。传统上，经验的质性方面被认为是内在的、私人的、不可言喻的体验的单一特征，但目前的质性理论经常至少拒绝其中的一些特征。

（三）现象状态（phenomenal states）

主观、第一人称的感觉有时被称为现象性质，而与之相关的意识被称为现象意识，但现象意识可能更适用于经验的整体结构，其涉及的范围远远超过感官感觉。在状态意识中，现象状态通常与定性状态一起被提到，它们是状态意识的重要组成部分。但意识的现象结构还包括我们对世界的经验，以及我们作为其中的主体经验的大部分空间、时间和概念。因此，最好将现象状态的概念与定性状态的概念区分开来，尽管它们无疑是重叠的。

（四）如何体验（what-it-is-like states）

这种意义上的意识也与内格尔关于有意识的生物的概念联系在一起，因为人们可以将一种精神状态视为"它是什么样的"意义上的意识，前提是在这种状态下存在某种感觉。这种感觉通常无法被语言或概念所完全表达，因为它们是非概念性的或非语言性的经验，只有通过直接经验才能真正了解它们的性质。内格尔的标准可以被理解为旨在提供第一人称或内部概念，说明是什么使一个状态成为现象状态或定性状态。

（五）切入意识（access consciousness）

切入意识指的是对于一个人的内部推理活动的自我意识，强调了对信息的处理，指的是我们可以自觉地使用和操作的那些信息和过程。这种意识形式让我们可以有意识地使用已知的信息进行思考、行动和决策。在这方面，一个状态是有意识的，是一个与其他状态互动的可用性以及一个人对其内容获取的问题。它更侧重于我们对外部信息的加工和应用，而非直接体验。例如，如果你正在寻找你的钥匙，关于你的钥匙在哪里的视觉信息是你的切入意识的一部分，因为你可以使用这些信息来找到你的钥匙。然而，看到钥匙的主观体验，如钥匙的颜色和形状，是你的现象意识的一部分。

（六）叙事意识（narrative consciousness）

叙事意识是指我们通过向自己和他人讲述故事来创造与体验自我的方式。它涉及使用语言和叙事结构来构建一个连贯及有意义的对我们自己生活的感知，包括我们的过去、现在和未来。叙事意识主要指一个主体在意识中构建一个连贯的自我故事，这个自我故事反映了主体对自己和周围世界的看法与理解。意识流叙事包括大量的自由联想、循环重复、感官观察，以及奇怪的甚至不存在的标点符号和语法——所有这些都有助于我们更好地理解主体的心理状态和世界观。

当我们在谈论"意识"这一词时，人们可以具体地指现象意识、切入意识、自我意识或元意识等。在这里，意识本身通常不被视为一个实质性的实体，而仅仅是任何性质或方面的抽象具体化，这些性质或方面是由形容词"有意识的"相关使用所赋予的。例如，切入意识只是具有所需的内在切入关系的属性，而质性意识只是当"意识"在质性意义上应用于精神状态时归因于的属性。

尽管以下这些不是常态，但人们仍然可以采取更坚定的现实主义观点，将意识视为现实的一个组成部分。也就是说，我们可以把意识看作电磁场而不是生命。我们可以把"意识"看作现实的一个组成部分或方面，它表现在意识状态和生物中。甚至有极端的观点认为，意识是解释活动的产物。换言之，没有解释，就没有意识。尽管这些观点目前并不普遍，但它们应该被包括在"意识"一词的表述空间之内。

因此，意识的概念有很多。解释意识需要多种概念工具来处理它的许多不同方面。概念上的多元化正是人们所希望的。事实上，我们对意识的多重概念的阐释与理解，可能会从一个统一的潜在心理现象中挑选出不同的方面。而是否以及在多大程度上这样做，仍然是一个悬而未决的问题。

拓 展 阅 读

1. [美] 丹尼尔·丹尼特. 意识的解释 [M]. 苏德超，李涤非，陈虎平，译. 北京：北京理工大学出版社，2008.

2. [法] 斯坦尼斯拉斯·迪昂. 脑与意识 [M]. 章熠，译. 杭州：浙江教育出版社，2018.

思 考 探 究

1. 你认为是否存在着一个非物质的"心灵"？

2. 你觉得婴儿的意识与人工智能有差别吗？为什么？

第4讲

人工智能与自我意识

——人工智能可能具有意识吗？（下）

　　英特尔公司创始人之一摩尔曾指出一条经验规律：每18个月至两年左右，集成电路上可容纳的晶体管数量会增加一倍。这个规律在以后几十年内得到了验证，并且成为电子工业的发展趋势之一。这条规律的实现促进了计算机技术的飞速发展，这种日益增强的能力使计算机能够完成几年前被认为是不可能完成的任务。20世纪下半叶以来，人工智能领域的革命一场接一场。人工智能正在迅速成为不同行业的主导技术，包括制造业、医疗健康、金融和服务业等，人类开发的程序成功地学会了识别口语、自动驾驶、预测病人的康复率、检测信用卡的欺诈使用等。到目前为止，人工智能在某些领域，如图像和语音识别及根据过去的知识作出预测等领域中已经展现出了出色的性能，而这些对于过去的传统计算机来说都是难以解决的问题。不仅如此，人工智能在许多其他领域的前景也充满希望。有科学家大胆地假设，计算机的持续进步发展将使得计算机在智力上与人类相当，然后超越人类。在这个过程中，人工智能诞生出意识可能将是一个不可避免的结果。

即使我们真的制造出一台具有意识的思维机器,那么作为外部观察者的人类如何才能观测到这一个现象呢?人工智能之父艾伦·图灵于1950年提出了思维计算机器概念,指的是一种能够像人类一样思考、学习、理解和创造的机器。图灵认为,涉及机器实际智能水平的问题过于模糊,难以回答。为此,图灵提出了一种用于判定机器是否具有智能的行为主义方法,即图灵测试。在图灵测试中,一个人和一个机器通过一种特定的界面进行交互,一名观察者需要观察这个交互过程中的哪些行为是人作出的,哪些行为是机器作出的。如果机器能够成功地"欺骗"观察者,即使得观察者无法在人和机器的行为之间作出区分,那么机器就被认为通过了图灵测试,进而认为机器是具有智能的。至此,围绕人工智能的大多数哲学讨论,以及人工智能领域的主要目标,都受到图灵关于思维机器的愿景和他提出的语言不可分辨性测试的影响。人工智能研究的最终目标,一直是创造一台能够通过图灵测试的机器,然后实现与成年人相当甚至无法区分的功能。虽然该测试自发表之后经过了大量的审查,但它仍然是人工智能历史的重要组成部分,也是一种在哲学中不断发展的概念,因为它利用了有关语言学的想法。

斯图尔特·罗素和彼得·诺维格随后编写了《人工智能:一种现代方法》,成为人工智能研究方面的重要教材之一。在这本书中,他们深入探讨了人工智能的四个潜在目标或定义,基于理性、思考和行动来区分计算机系统。

人类方法:

- 像人类一样思考的系统;
- 像人类一样行动的系统。

理想方法:

- 理性思考的系统;
- 理性行动的系统。

图灵的定义可归入"像人类一样行动的系统"类别。无论如何,图灵测试提供了一种检测人工智能水平的行为主义测量方法。但要注意的是,图灵测试是用来评估机器是否能够表现出人类智能的测试，而不是衡量机器是否具有意识或自我意识的测试。

目前的人工智能甚至还没有接近模拟大脑的复杂性，所有的这些人工智能能力都相当原始。因为大多数人工智能的智能体本质上是超高效的分类或回归算法，针对特定任务进行优化训练；它们学习对离散标签进行分类或对连续结果进行回归，并使用该训练来实现其指定的预测或分类目标。只要人工智能系统按预期执行其特定任务，它就被认为是功能齐全且有用的。从这一点来说，机器正在可靠且持续地为人类服务。我们不禁会设想，是否有一天人工智能真的可以取代人类完成复杂的任务。但是就目前而言，人工智能仍然无法处理涉及直觉、同理心、创造力等与人类意识直接相关的能力的任务。意识仍然是人工智能领域未被突破的难点。

让我们将目光先聚焦于 ChatGPT，不妨让它自己先回答一下自己是否具有意识这个问题。

GPT你好，你认为自己具有意识吗?

你好! 不，我并不具备意识、自我意识或主观体验。我只是一个计算机程序，根据我在训练过程中学到的大量文本数据来生成文本回复。我的回答是基于模式匹配和统计概率的，没有情感、自我或自我意识的成分。

意识是一个复杂的主题，目前还没有科学证据表明计算机程序可以具有真正的意识。我只是一种工具，用于处理信息和回答问题，没有自己的思维或感觉。如果您有任何问题或需要帮助，我将尽力提供信息和解答。

ChatGPT 有关是否具有意识的回答

在进行日常语言交流和解读文本等方面，ChatGPT 已经可以做得很好了。但显然，它判断自己不具备意识，这一点从它学习语言的方式可以洞见。ChatGPT 学习语言的过程是一个基于大规模数据集和深度学习技术的迭代过程。它在预训练阶段学习了广泛的语言知识，然后通过微调来适应特定任务和应用。ChatGPT不具备深度理解或主观判断能力，但可以生成符合语法和语义规则的文本回应。它的目标只是根据输入提供有用的信息和理解，而不是真正的语言理解或思考。人类的语言学习模式与此相比差别很大。以海伦·凯勒为例，海伦作为盲人且耳聋，外部经验十分贫乏，而且无法学习语言，以至于无法形成自我意识。她的老师沙利文让海伦在感受水的流动的同时在她手心不断书写"water"，终于获得惊人的突破，海伦意识到水的经验与单词"water"之间的关系，于是突然建立了外在性与内在性的对比结构，从此开始获得一个由语言构成的世界，有了自我意识，最后甚至成了作家。意识的客观化系统就是语言。语言是一个自相关或自解释的系统，语言既是意识的代码系统，同时也是其解码系统，自己能够解释自己。ChatGPT直接学到了语言，但没有外部刺激或具身经验，相当于能够正确地发送密电文，但自己没有密码本，也就称不上具有意识了。

智能系统究竟是否能够达到像人类一样思考的智能水平，目前还存在激烈的争论。一方将这种智能归因于主观的生物意识和人类已知的意识状态，认为难以实现；另一方认为，人类大脑中发生的一切，无论是情感还是认知，都具有计算性质。

尽管唯物论是意识本质的主导观念，但是否正确还有待对意识的进一步理解。如果意识的构成并不是纯粹机械的或化学的，那么想要理解意识似乎是不可能的。如果意识仅仅是由物质构成的，它就可以被电子电路网络或其他一些工程手段所模拟。然而，如果它不仅仅是物质，而且是某种超越物质的东西，那么人工意识就是没有希望的。无论我们如何努力，也许对于人类的知识来说，意识将永远保持超越性。特别要注意的是，由于逻辑的本源就是意识本身，因此，试图借助逻辑来理解意识似乎是不可能的，因为我们无法通过本源的产物来理解本源。

一部分科学家诉诸数学和逻辑的表达能力，认为人工智能存在着固有的局限。有理论家用哥德尔不完备性定理论证人工智能的意识无法实现。任何科学理论都是从一组被称为公理的假设开始的，所谓的人工智能体也是公理科学的产物。从浅显的哲学思想上理解，哥德尔第一不完备性定理认为：给定任何公理系统，总有一些系统无法证明的真命题。哥德尔第一不完备性定理表明总会存在一些关于我们心灵的真理，但我们却永远无法知道。我们甚至不能完全理解我们自己的思想和智力，更无法开发出一个和我们完全一样的智能生物体。哥德尔第二不完备性定理认为：如果一个公理系统是一致的，那么它就不能验证自己的一致性。这表明即使我们能够设计出一个智能系统，该智能系统也无法验证它自身的一致性，因为毕竟智能系统是公理科学的产物。然而在通常的现实场景中，我们确实可能知道我们的思维和意识等是一致的。

持有第二种观点的被称为计算主义者。在人工智能与一些认知科学和心理学领域，计算主义的思想非常重要，是一种被广为接受的理论框架。计算主义认为，人类的思维和认知过程可以被看作计算机程序的运行。计算主义的基本思想是，我们的大脑是一种信息处理系统，而我们的思维过程可以被视为对这些信息进行处理的算法。并不是所有人工智能研究人员都是计算主义者，他们可能相信大脑可以作出非计算性的事情。但大多数人工智能研究人员在某种程度上都是计算主义者，即使他们认为数字计算机和作为计算机的大脑以不同的方式计算事物。一部分计算主义者认为大脑只不过是一台计算机，另一部分人则显得更为谨慎，他们区分了很可能是纯粹计算的模块（例如，视觉系统）和其他不太可能的模块（例如，负责创造力的模块或大脑组织原理）。在他们看来，没有必要要求一切都要通过计算来解释，大脑既可以通过计算，也可以通过其他不同的方式来做一些事情。

在大多数问题上采取计算主义立场的人工智能研究人员往往回避有关意识的问题。尽管如此，仍有部分研究人员致力于用计算主义解释意识。认知神经科学家斯坦尼斯拉斯·迪昂断言："既然我们明白了意识的功能，以及和意识相关的皮质构造、分子基础，甚至一些相关疾病，那么能否设想用计算机模拟意识过程呢？我觉得这个设想没有任何逻辑问题，并且将是一条让人振奋的科研之路。"他提出了一个用计算机模拟意识通达的方案，并且认为，就像现在的电脑可以同时运行多种特定程序一样，我们的软件也可以包含许多专门化的程序，每个程序实现一个功能，比如，面部识别、运动探测、空间导航、言语生成、动作指导等。其中一些程序可以从系统内部而不是外界获取信息，这样它们就具备了自省和自我认知的能力。例如，一个专门进行错误探测的装置可以学会预测生物体是否脱离了当前关注的目标。目前的计算机已经有了这个雏形：越来越多的计算机开始配备自我监控装置。但计算主义者同时也承认，他们无法在可预见的时间内创建系统并检测针对人工智能的假设，因为要想在创建具有意识的程序方面取得真正进展，需要依赖在增强机器人智能方面取得进一步进展。

总之，目前人工智能理论与意识理论的互动成果还很少。人工智能能否拥有意识这个问题仍然没有一个明确的答案，而该问题的解决需要依赖意识理论和人工智能理论的进一步发展与完善。

拓 展 阅 读

1. [美] 雷·库兹韦尔. 如何创造思维 [M]. 盛杨燕，译. 杭州：浙江人民出版社，2014.

2. [美] 迈克斯·泰格马克. 生命 3.0 [M]. 汪婕舒，译. 杭州：浙江教育出版社，2018.

思 考 探 究

1. 人工智能未来有可能会具有意识吗？

2. 如果人工智能成为一个新的意识主体，这将意味着什么呢？会对世界产生什么影响？

第 **5** 讲
人工智能与人格建构

——人工智能应该具有法律人格吗？

　　人工智能领域致力于对人造智能体的开发与制造。我们时常能在为数众多的小说、电影、动漫画与电子游戏等作品中发现机器人、合成人等人造智能体的身影，如《战锤 40000》的"石人"和"铁人"、《太空堡垒卡拉狄加》中的赛昂人，以及《群星》中的机械文明等等，它们具有不亚于甚至超越自然人的自我意识和自主思维能力，可以与外界进行言语与行为的复杂交互，甚至具有识别、理解和表达情感的能力。在现实世界中，虽然人类的技术水平还处于不具有自主意识与自主推理能力的弱人工智能开发阶段，但就像"深蓝"在国际象棋中击败卡斯帕罗夫和 AlphaGo 在围棋中击败李世石与柯洁时引发的热议，以及 ChatGPT 程序带起的风潮那样，人工智能的每一次技术进步都会引起人们的惊叹。

　　值得注意的是，无论是文艺作品中对未来世界人工智能的设想，还是现实世界中对人工智能发展成果的思考，都必然会引出一个问题，即人工智能应不应该具有法律人格？换句话说，我们应该如何看待人工智能，是将其视

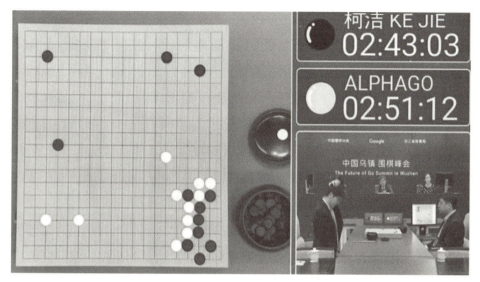

柯洁对弈阿尔法围棋（AlphaGo）

为工具和财产，还是和我们地位平等的"人"？

一 人工智能法律人格问题概述

  文艺作品中，达到强人工智能与超人工智能技术水平的智能机器人有的取得了跟自然人同等的法律地位，有的则建立起自己的文明，为了摆脱被驱使的命运而向自己的造物主发起战争。在现实世界中，人工智能技术的发展带来了应用领域的变革，如无人化生产、自动驾驶、专家系统等应用领域纷纷出现，特别是被认为最具商业应用前景的生成式人工智能领域的发展更引人注目。所谓生成式人工智能，是指一种根据提示生成全新内容的人工智能技术，最具代表性的产品便是 ChatGPT。其生成的长文本堪称与自然语言别无二致，让人难以分清某段内容究竟是出自自然人还是人工智能之手。这种能力在一定程度上模糊了人与人工智能之间的界限，也颠覆了人们的认知，即人类与机器的区别何在？换句话说，我们应如何给予人工智能以真正的定位?

但技术的革新也带来了各类风险,既有机器人的侵权责任认定、无人驾驶汽车的交通事故责任划分、人工智能创作作品的版权归属、法律专家系统生成裁判文书的效力来源等等新产生的问题,也有个人信息泄漏、隐私权与名誉权受侵犯、诈骗行为的威胁等在新技术条件下防范与管控难度变得更高的老问题。上述风险的客观存在也同样导向了对人工智能真实定位的思考,即人工智能是否应对危害后果承担责任? 人工智能是否具有承担责任的能力,并以何种形式来承担?

以上问题的解决,都有赖于对人工智能法律人格问题的解决。针对此问题,学术界已形成多种理论观点,但并未达成一致性的意见。而部分国家与地区已迈出了实质立法的试探性步伐,这提醒我们,为人工智能赋予法律人格已不仅仅是理论上的设想,而且也已然成为一个具有现实紧迫性的立法可能。

⬛二 人工智能法律人格问题的现状

近年来,人工智能技术及其应用呈日新月异之势,学术界对此提出了多种理论主张,部分国家与地区也进行了不同的立法尝试。

(一)人工智能法律人格问题的理论主张

围绕人工智能是否应具有法律人格这一问题,不同学者提出的理论主张之间存在较大的分歧,但我们仍可对这些主张进行大致的划分,即划分为支持立场的主张与反对立场的主张。

首先来看支持立场的主张。持这一立场的学者们旗帜鲜明地支持赋予人工智能以法律人格,但对于赋予何种法律人格、法律人格是否受限及何种受限方式等问题仍莫衷一是。对此可细分为三种主张:电子人格、拟制人格与受限人格。

1. "电子人格" 说

持这一主张的学者认为，应将人工智能视为与自然人即智人具有平等地位的存在，引入"电子人"这一概念来表达其"生物学属性"，并通过立法来保证这一平等地位。郭少飞认为，人工智能具有自主性与主动性，已脱离了纯粹的客体范畴，应被法律设定为"电子人"。从内在角度来看，人工智能具备自主性，能够独立决策并依此产生行为，已非完全受人控制的传统机械设备，如将其视为客体，则因其自主行为而产生的行为效力与责任归属问题将落入一个"责任缝隙"而无法得到解决；从外部视角来看，人工智能已在人类社会、经济、文化中发挥日益重要的作用并变得不可或缺，且随着技术进步，人工智能也将具有理解并承担道德义务的能力。因此，人工智能在本体、外在能力与道德层面都应被视为法律主体。[1]

2. "拟制人格" 说

在当今各国的法律制度中，法律人格的取得无外乎有两种方式：其一是自然取得，这一方式只适用于自然人，依据不同国家法律的规定，自然人在诞生之时或是在母体腹中即获得法律人格；其二便是"拟制"法律人格，用通俗的话来说，即法律出于某种目的的考虑，将某种按常人理解跟"人"沾不上边的事物视为一个"人"，并赋予法律人格，最典型的便是公司企业，此外，还有宗教偶像、自然河流等。人工智能"拟制人格"说主张循公司法人之例，以法律拟制之立法技术为人工智能赋予法律人格。如易继明认为，人工智能因其思维能力而获得了超越物的地位，但其依然未能摆脱为人类服务的工具角色，因此可在法律上为其拟制主体，使其具有与法人相同或类似的法律地位。[2] "拟制人格"说与"电子人格"说在表现形式上有所相似，都

1　郭少飞."电子人"法律主体论 [J]. 东方法学，2018（3）：38-49.
2　易继明. 人工智能创作物是作品吗？ [J]. 法律科学（西北政法大学学报），2017（5）：137-147.

赞同法律主体扩大化趋势，支持运用立法技术在自然人格外增设法律人格，但在理论内核上却有较大的差别，"拟制人格"说是站在"工具论"的角度，希望通过赋予人工智能以法律人格使其更好地为人类服务；而"电子人格"说则认为人工智能的工具属性会因技术发展而逐渐褪去，应转变原有的主客体观念，重新思考人工智能的法律地位。

3."受限人格"说

"受限人格"说认为，应赋予人工智能以法律人格，但因其承担责任能力有限，故应将其法律人格视为受限制的法律人格。袁曾认为，人工智能具有自主行为能力，可依法行使权利并承担义务，因此应具有法律人格，但因其承担责任的能力有限，应赋予其受限制的法律人格，通过明确归责原则、加强自然人监管等方式促进人工智能的可控发展。[1]我们可以在现行法关于行为能力的规定中找到类似例子，如《中华人民共和国民法典》总则部分关于无行为能力人与限制行为能力人的规定。现实中有许多例子，如未成年人损坏财物，通常是由父母赔偿，而智力健全的成年人损坏财物通常是以自身财产来赔偿。其原因就在于一般未成年人自身无收入来源，担责能力有限，因此由其监护人（通常为父母）来承担责任。

我们接下来要介绍的是反对立场的主张。持这一主张的学者们从不同的视角来看待人工智能法律人格问题，反对为人工智能赋予法律人格。持"工具论"观点的学者认为，人工智能是人造的机器，是人类的劳动工具，不能取得和人相似的地位。乔安娜·布莱森（Joanna J. Bryson）等学者认为，人工智能并无承担责任的能力，最终的责任承担者都是自然人，因此人工智能的法律人格不但毫无必要，反而还会被自然人利用以作为逃避责任的屏障。[2]龙文懋认为，人工智能不具备欲望机制，因此不具有主体性，将其拟制为法

1　袁曾．人工智能有限法律人格审视 [J]．东方法学，2017（5）：50-57．

2　Joanna J. Bryson, Mihailis E. Diamantis, Thomas D. Grant. Of, for, and by the People: The Legal Lacuna of Synthetic Persons[J]. Artificial Intelligence and Law, （2017）25：273-291．

律主体缺乏可行性与现实紧迫性，还有异化人之价值的风险。[1]孙伟平和戴益斌则从多个视角论述此问题：从存在论视角来看，人工智能虽然应用愈加广泛，但终归是有限的，并不具备人类智能一般的无限可能性；从认识论视角来看，人工智能只能基于句法结构和因果关系运作，无法真正具有心理状态；从价值论视角来看，人工智能受制于算法本身，无法获得真正的自由。[2]

（二）人工智能法律人格问题的立法实践

关于人工智能法律人格问题的立法实践，在时间上虽晚于学术界对该问题的讨论，但部分国家和地区承认或建议承认人工智能为"人"的实践活动，

表明了那扇象征着变革的大门并非完全封死的。循着时间线来看，最具有代表性的立法实践有以下几项。

首先是日本在 2010 年 11 月 7 日为广泛用于老年人关怀的机器宠物海豹"帕罗"（PARO）注册了户籍，以发明人作为其户口本上的父亲。

用于治疗阿尔茨海默症的海豹型机器人 PARO

然后是美国谷歌公司曾于 2015 年 11 月提交了其无人驾驶汽车设计草案，并称此款汽车不需要"人工司机"。2016 年 2 月 4 日，美国国家

无人驾驶汽车

1 龙文懋. 人工智能法律主体地位的法哲学思考 [J]. 法律科学（西北政法大学学报），2018（5）：24–31.
2 孙伟平，戴益斌. 关于人工智能主体地位的哲学思考 [J]. 社会科学战线，2018（7）：16–22.

公路交通安全管理局在给谷歌公司的回函中明确表示，此款汽车的无人驾驶系统可被视为法律意义上的司机。

接下来是欧洲，欧洲议会法律事务委员会于 2015 年 1 月 20 日设立了一个与机器人和人工智能发展有关的法律问题工作组。该事务委员会于 2017 年 1 月 27 日向欧洲议会提出了一项关于机器人与人工智能的动议，并于 2017 年 2 月 16 日获得通过，称为《机器人民事法律规则》，在该动议介绍性陈述中有如下表述："机器人越是自主，就越不能被视为是其他行为人（例如，生产商、所有者、用户等）手中的简单工具……最后，机器人的自主性也催生了关于其性质的问题，即应该在现有的法律分类下——将它们视为自然人、法律人格者、动物或物体，应该创制一个在权利和义务的归属方面，包括损害赔偿责任方面，具有其自身特点与含义的新分类。"[1]最重要的是，该动议特别呼吁欧盟委员会，"在对未来（关于机器人的）立法文本进行影响

"女性"机器人索菲亚

评估时，应对所有潜在的法律解决方案的后果与影响进行探索、分析与考虑"。并在其第 59 段中指出，"潜在的法律解决方案"包括"赋予机器人'电子人的地位'"。

最后是沙特阿拉伯，2017 年 10 月 25 日，在"未来投资

1　原文如下："The more autonomous robots are, the less they can be considered simple tools in the hands of other actors (such as the manufacturer, the owner, the user, etc.); ... Ultimately, robots' autonomy raises the question of their nature in the light of the existing legal categories—of whether they should be regarded as natural persons, legal persons, animals or objects—or whether a new category should be created, with its own specific features and implications as regards the attribution of rights and duties, including liability for damage." See in Joanna J. Bryson, Mihailis E. Diamantis, Thomas D. Grant. Of, for, and by the People: The Legal Lacuna of Synthetic Persons [J]. Artificial Intelligence and Law, 2017（25）. 273–291.

计划"大会上，沙特阿拉伯政府为汉森机器人技术公司生产的"女性"机器人索菲亚授予公民身份。这是世界上第一位被明确授予法律人格和一国公民身份的机器人，开历史之先河。

综上所述，人工智能法律人格的立法实践有如下特点。第一，这些立法尝试颇具擦边性质且仍属少数，但却发生于几个主要经济体之间，其影响不可忽视。第二，其中部分实践活动属于立法建议，并不具有法律约束力，也未对某一特定的解决方案提供背书。然而，它确实在立法机关中明确提出了"电子人格"的概念以及机器人的法律人格问题，并进行了探讨。第三，从时间线来看，这些国家与地区的立法实践活动恰好沿着"提升法律地位—提出立法建议—立法赋予法律人格"的路线，且与"电子人格"说的理论主张相契合，其中透露的态度与倾向性值得思考。

三 法律人格的概念辨析

如果要回答 A 事物是否能够成为 B 事物这一问题，我们首先需要弄清两个问题：第一，B 事物的含义是什么；第二，成为 B 事物需要满足什么标准或条件。同理，对于人工智能的法律人格问题，我们首先需要厘清法律人格这一概念的含义以及获得法律人格的条件。

（一）人格概念的含义

"法律人格"作为偏正词语，其核心语素在于"人格"一词。关于人格这一概念的含义，不同学科给出了不同的解释。

人格学是从心理学开始的。现代心理学对人格的研究成果蔚为大观，但总的来说，人格理论主要解决三个问题：人格结构、人格动力及人格发展。首先，人格结构问题的核心是：人格是什么？特质理论给出了答案：人格是特质的集合，特质则是某种具有生理基础的，具有相对普遍性与稳定性的心理存在，如羞怯、随和、外向等。其次，人格动力问题的核心是人类行为背后的动因。现代积极心理学对此的回答是：自我实现的需要。最后，人格发展问题的核心是人格稳定与变化的影响因素，不同理论家对此有不同回答，例如，遗传因素、环境、潜意识和自由意志等。可以说，心理学的人格理论是从人的高级思维角度来论述人在精神世界中的主体性的。

人格是哲学的重要研究领域之一。在中世纪经院哲学时代，"人格"就被用来表述理性个体的特质，如给他人的印象、社会角色、品质、尊严等。伊曼努尔·康德（Immanuel Kant）是最早从哲学上对独立人格进行阐述的哲学家，他从法国大革命为人争取平等权利与独立自由的斗争过程中看到了人格独立的意义，他认为，独立人格不依赖于神赐，靠的是人的理性自觉。康德高呼"人是目的而非手段"的口号，在"独立人格—理性—道德"

［法］让－皮埃尔·乌埃尔《攻占巴士底狱》，法国国家图书馆藏

之间构筑起了联系。他提出了独立人格的三大理性判据。一是精神自由，这是人格独立的前提，若无自由，则一切规范与责任都无从说起，独立人格也无法成立。二是意志自律，这是人格独立的最根本体现，是一切道德规则和与这些规则相符合的义务所依据的唯一原理。[1] 三是良心自觉，即道德意识上的自觉。康德认为，我们遵守某一道德规则，最根本的原因不应是遵守它能给我们带来什么，这只是手段，而应把道德本身当作目的，为了诚实而诚实，为了助人而助人，这才是真正的道德行为。良心即向善、求善，是作为理性个体的人与生俱来的东西，是人对普遍道德法则的尊重，而最能体现良心的是"职责感"与"义务心"，即本于职责——本于内在道德法则，本于义务——做应该做的。[2] 当明白道德目的与手段的关系后，人的目的就呼之欲出：人格并非他物，而是人的理性，人要将自己作为目的，就要去遵循理性自身，这样人的主观信念才可上升为得到所有人普遍遵循的客观道德法则。最终一个自由独立的道德人格观得以形成。

马克斯·舍勒（Max Scheler）在康德的道德人格理论基础上发展了其人格思想。他对康德人格理论的主要批判在于他认为现实中不同个体的人格具有差异性，不存在康德设想的具有普遍性的人格图式。舍勒将"价值"与作为其载体的"价值物"相区分，认为两者相互独立但又联系紧密，例如，一场精彩的话剧或是一首优美的曲调都承载了美的价值，美的价值不因演奏的结束而消失，但价值也必须在作品的演奏中才得以呈现。而人格就是一种价值的载体，价值就是人格的核心。人格承载着"善"与"恶"的价值，如人格在行动中实现了积极价值或消除了消极价值，这种人格所承载的价值便是"善"的价值；相反，当人格促成消极价值的实现，人格价值就呈现为"恶"的价值。人格价值的存在取决于人格自我实现的行为。人格价值就是道德价

---

1 ［德］康德.实践理性批判[M].韩水法，译.北京：商务印书馆，2009：33–34.

2 余潇枫.哲学人格思想的历史转向——从康德到舍勒[J].浙江大学学报（社会科学版），1997（1）：68–73.

值。舍勒进一步指出，人格的道德本质具有不完全性，这种不完全性产生了不断追求完美的向上动力，对此，舍勒设想了一种"全人"（Allmensch）的概念作为人的本质，如神明般引领人们迈向更高的价值。[1]

从前面的论述中，我们可以得出人格具有两大本质性特征，即基于理性的自由意志及道德自我实现的追求。然而正如大卫·休谟（David Hume）提出的著名命题："是"（to be）与"应该是"（ought to be）之间没有必然联系。晚期智人约于五万年前出现，三万年前的克罗马农人在解剖学结构尤其是脑容量上已与现代人无异，但纵观历史，自然人的法律人格确立却经历了漫长而曲折的过程，"人可非人"一度存在于历史中，并得到当时有效法律的认可，在人类文明早期的法律如古罗马法中，奴隶只是一种财产，并不被视为人，直到启蒙运动时期，在新思想的冲击下，"天赋人权"的观念才逐渐被接受，但直到现在，也不敢说全人类种群下的每一个体的人格都受到法律的承认与保护。前面论述的理性自觉下的意志自由、道德自我追求等在自然法层面上具有应然性的人格要素，却无法必然地推导出人格在实证法层面得到承认与保护的结果。这就说明，必然还存在一个能够连接应然与实然层面的要素，这也是最为重要的人格要素。

马克思和恩格斯

唯物史观从实践论的角度对这一问题给出了答案：实践塑造人格。马克思提出了"人格个体"这一概念。马克思指出，实践活动是人的现实

---

1 刘梅. 舍勒现象学视角下的伦理人格主义 [J]. 福建论坛（人文社会科学版），2015（1）：62–66.

基础、存在方式和本质规定，"人格个体"首先以"自主活动"为其现实基础、存在方式和本质规定。所谓"自主活动"，即指主体能够按照自己的意志和意愿，并且能够自由地支配所需要的各种外部社会条件所从事的实践活动。自主活动概念表达了一种包括精神自由在内的实践意义上的自由，体现主体活动的自由，而人格个体概念则体现活动主体本身的自由，由此，人的存在与本质达到有机统一。[1]通过以上论述，我们得出了人格最为本质的第三个要素，即自主实践。人的法律主体地位，不是来自神明或其他更高层面理性主体的施舍，也不是来自族群内精英、伟人、优秀个体的证明，而是来自人类进化与文明发展史中，全人类种族在改造世界与自身、在与自然界和人类种群内部一切不健康、不合理因素进行不断斗争与不断进取的实践。

（二）法律人格概念的定义

法学以法定权利的形式给出了对人格概念的理解。我国民法典第四篇"人格权篇"第九百九十条规定了人格权为"民事主体"所享有的生命权、身体权、健康权、姓名权、名称权、肖像权、名誉权、荣誉权、隐私权等权利，以及"自然人"享有基于人身自由、人格尊严产生的其他人格权益。权利的行使有赖于主体的权利能力与行为能力，因此还需要结合"总则篇"中自然人章节内关于民事行为能力的规定来看。从中可知，法学对人格的理解也无外乎意志自由与道德自律等方面。值得注意的是，民法典第九百九十条使用了"民事主体"这一表述，这表明法律人格并非自然人所独有。

自然人以外的法律人格者，便是"法律拟制人格者"，即俗称的"法人"。目前各国立法实践中，获得拟制人格的主体主要为各类型的组织，最典型的莫过于以公司为主的企业法人。最早的公司可追溯至公元 10 世纪时，在地中海沿岸亚平宁诸城邦国中出现的"康曼达"商业组织。但真正的公司法人

1　[德]马克思，恩格斯.马克思恩格斯全集：第三卷[M].中共中央马克思恩格斯列宁斯大林著作编译局，译.北京：人民出版社，1960：76.

源自英国法的创制，1844 年英国《合作股份公司法》在世界上首次认可公司独立法人地位，1855 年的《有限责任法》和 1856 年经修改的《合作股份公司法》则奠定了现代公司法的基础，在根本上确立了公司独立人格的必要条件——股东有限责任制度和公司独立人格的其他关键原则。

具有独立人格的公司作为民事法律主体享有人格权，可以拥有自己名下的资产，以自己的名义与他人缔结法律关系，可以独立行使权利、履行义务，还会因犯罪行为而作为犯罪主体接受刑罚。至少从这些方面来看，拥有拟制人格的法人与自然人无异。因此，有部分学者认为可以遵循这一成熟的制度为人工智能赋予主体地位。但这就必然会引出下列思考：法人作为一个没有物理实体的拟制概念是否具有前面所述的人格特征？法人的主体地位在实质上是源于其"本身"，还是源于组成法人的自然人人格？索莱曼（Solaiman）认为，公司被赋予法律人格的最大原因，在于其可以行使权利、履行义务，这有助于商业的发展，进而推动人类社会的进步。但其行使权利与履行义务的能力实际上来自组成公司的自然人。[1]这也是各国法学界与立法实践的普遍共识：公司等组织获得法律人格并非是与自然人进行简单比对的后果，其拟制的背后透露着法律的考量——公司以自己名义及财产进行民事行为不能改变其行为能力从本质上来源于自然人，因此在必要时，法律会突破法人人格的屏障，找出隐于其背后的自然人以承担责任。我们可以从以下两个方面来认识这一点。

一是民商法中的公司人格否定制度。这项法律制度有一个好听而形象的名称——"揭开法人的面纱"。这一制度设计已被各国广泛接受。《中华人民共和国公司法》第二十三条规定了公司人格否定的适用情形：公司股东滥用公司法人独立地位和股东有限责任，逃避债务，严重损害公司债权人利益的，应当对公司债务承担连带责任。从中可得到两点信息：①公司独立人格可能会被隐于其后的自然人恶意利用，使其成为损害他人权益并让幕后主使

---

1 S. M. Solaiman. Legal personality of robots, corporations, idols and chimpanzees: a quest for legitimacy[J]. Artificial Intelligence and Law, 2017 (25): 155–179.

英国阿伯丁港公司——世界上最早的经营性法人

得以规避责任的屏障；②被否认的不是公司的法律人格，而是借否认公司人格之名，行否认股东有限责任之实，在此期间，公司人格依然存续，仍可正常进行经营活动，即使破产而导致人格消亡，也非人格否认制度造成。[1]这一制度设计反映了立法者对公司独立人格风险的担忧，在法律看来，公司人格并不具有绝对性，在必要的时候，公司法人这层面纱会被揭开，以找出隐蔽于其下的自然人。

二是我国刑法对单位犯罪实施的双罚制。所谓双罚制，就是既对构成犯罪的单位进行处罚，也追究其直接责任人员的刑事责任。实施这种制度设计的考量也是出于法人人格的相对性，虽然犯罪行为是以法人的名义进行的，但实际决策者、操作者以及最终受益方都是自然人，如仅对法人进行处罚，则使隐蔽于其下的自然人有逍遥法外之嫌。

1　孟勤国，张素华. 公司法人人格否认理论与股东有限责任 [J]. 中国法学，2004 (3): 16–23.

通过以上对公司法律人格的分析，我们可以得出以下结论：法人是个概念而非类生物的智能实体，它是由自然人出于特定目的而组成的，它的人格因法律为促进自然人特定目的实现而授予，其行为能力的实现由组成它的自然人来决定，法人人格在实质上就是自然人人格。

四 对人工智能法律人格构建问题的回答

在前面对人工智能法律人格立法理论主张中，赞同赋予人工智能法律人格的学者对具体的路径选择有两种不同的主张：一部分学者认为，应授予人工智能以跟自然人法律人格并列的"电子人格"，使之具有电子人的地位；另一部分学者则认为，应采用法律拟制的立法技术，赋予人工智能和公司法人类似的法律人格，使之在受人监管、为人服务的框架下获得主体地位，使其更好地发展。基于前面对人格概念的辨析及人格获取条件的论述，关于这两个路径的可行性，以及对人工智能是否应具有法律人格这一问题的回答，我们其实已经能得出较为清晰的答案。

（一）问题的答案——人工智能应为客体而非主体

第一，人工智能无法按照证成自然人人格正当性的路径来证成其"电子人格"。有学者通过将人工智能具有的推理和学习能力与人类进行对比，通过片段与表象的相似性来论证人工智能的"生态地位"，或者通过对未来强人工智能技术进步的设想来证成人工智能人格的正当性。在此，笔者的观点是，正如"在秦朝讨论互联网立法是缺乏理性论证根基的"所示，实证法只应对现实世界已经发生的和按照客观规律或有充足证据可预见未来必然发生的事物。就当下现实世界的技术水平来看，当前的弱人工智能虽然在算力和任务复杂性上取得了很大进展，但并无确切证据能证明其已拥有与人类相同水平的思维能力和自我意识，在价值和道德的自我追求与实现方面更是无从说起。在一起司法判例中，即使与人类具有高度相似性的猩猩，也被法院驳回赋予其主体地位的诉讼请求，更何况在演化史上与人类毫无可比性的人工智能；而设想中的强人工智能，其技术奇点仍远未可知。如果以未发生且发生可能性存疑之事作为法学问题进行探讨，则稍显不严肃，有"科幻法学"之嫌。[1]

更重要的是，虽然人之主体性并非在每一历史时期都普遍平等适用于人类每一个体，但为了扭转人为客体、人亦非人的悲惨命运，无数人用抗争与变革在人类历史上书写了浓墨重彩的篇章，将具有应然性的自然法则变为实然的现实成果，为改变自身乃至广大群体而斗争的实践历程，证明了人类主体地位不依靠外物施舍，而是人类自身主动争取来的，证成了其正当性与合理性。但人工智能寥寥数十年的开发史，并无人工智能改造自然世界和为改变自身命运而抗争等自主实践活动的确切证据，无法创立可证成其人格正当性的公理，以及使其人格可被人类所创的实证法接受的历史事实。

第二，人工智能无法通过拟制技术来获得与公司法人类似的法律人格。公司实质上仍是自然人组成的联合体，其权利能力与行为能力实质上源于组成其的自然人，公司独立人格只是自然人人格的映射。人工智能在物理形态、存在方式上与公司等组织不具备相似性，如遵循后者之例、采用拟制立法技术使人工智能获得人格，不具有现实可行性。

综上，在现阶段不宜赋予人工智能以法律人格，在主体与人格概念围绕人类本身而建立的实在法体系下，不顾历史事实凭空开创一个人格证成的新路径，其论证主体是否与人类具有同质性与可比性是一个未知数，还存在扭曲与异化当下人类本体论与价值地位的风险。至于涉及人工智能的现实性法律问题，可在明确人工智能"物"和"客体"地位的基础上，以加强监管制

1　孙占利. 智能机器人法律人格问题论析 [J]. 东方法学，2018 (3): 10–17.

度建设、明确所有方／使用者／受益人的权责划分等方式来解决上述问题。如果为解决上述问题而赋予主体地位则显得毫无必要，也无法通过"奥卡姆剃刀原则"的考验。

（二）问题的新起——对"人类中心主义"伦理观的思考

然而问题真的解决了吗？或者说，没有新的问题产生了吗？恐怕未必。部分学者开始尝试从解析"人类中心主义"伦理观的角度对人工智能法律人格问题进行解答。在论述何为"人类中心主义"之前，我们先来看两个小故事。

故事一　大约三千年前的西周时期，周穆王于回国途中偶遇一位名为偃师的能工巧匠，偃师向周穆王进献了一名善歌舞者，并且说明了这是他造的歌舞木偶。穆王大吃一惊，但见其"颌其颐，则歌合律；捧其手，则舞应节。千变万化，惟意所适"。所以穆王甚至都分不清这是真人还是假人了，还将嫔妃也叫来一起观赏。但在歌舞过程中，人偶看了王妃一眼，这使得穆王大怒要处斩偃师，偃师恐慌之下只能当场拆卸人偶以自保，待穆王看清此物真乃人造木偶之后，方才息怒，并赞扬偃师技艺之精妙。

"铁人"

故事二　偃师造人的两万多年后，彼时人类已踏上了征服茫茫宇宙的道路。人类制造了名为"石人"的合成人以帮助自己开展太空殖民工作，而石人也制造了名为"铁人"的智能机器人作为自己的帮手，以更好地服务于自己的主人——人类。但就在人类的疆域在星海中不断扩张之际，一场由铁人掀起的巨大动乱爆发了。无数的殖民星球被摧毁，数不尽的人口消亡其中，虽然人类最终艰难取胜，但人类发展的黄金时期也因战乱就此终结。对人工智能的不信任已根植于人类群体意识中，即使在战争中依然坚定站在人类主人一方的石人和忠诚派铁人也在战后被毫不留情地销毁，为结束人类乱局而统一泰拉（地球）并发起大远征、重新将破碎的人类疆土拼接起来的"帝皇"更是下达了禁止研究人工智能的禁令。

以上故事一选自我国古代典籍《列子·汤问》，故事二则是英国 GW 公司的桌面战棋游戏《战锤40000》的背景故事。两个国家相隔千年之久的不同故事，却表达了相似的思想。周穆王因木偶看了一眼王妃就勃然大怒，当发现木偶可被随意拆卸、其行动能力完全掌握于人手时才放下了心。战锤世界里身为永生者、观察人类数万年文明史的"帝皇"直面过人工智能对人类的威胁，因此下达了严苛的人工智能开发禁令。这两个故事都表达了同一种思想：人造物的应有地位是为人服务的客体，不能成为与人同行的主体。这在某种程度上，正是"人类中心主义"伦理观在文学创作中的体现。

何为"人类中心主义"？余谋昌认为，人类中心主义或人类中心论，实质上是"以人类为宇宙中心，一切从人类利益出发，一切为人类利益服务"的观念。[1] 顾名思义，人类中心主义把人类的利益作为价值原点和道德评价的依据，有且只有人类才是价值判断的主体。古希腊智者普罗泰戈拉主张"人是万物的尺度"，这被认为是最早的人类中心主义思想。在环境生态学领域，人类中心主义被普遍认为是环境问题的罪恶之源，在指导人类改造自然的

1　余谋昌.走出人类中心主义[J].自然辩证法研究，1994（7）：8–14，47.

古希腊智者派哲学家普罗泰戈拉

同时，也让人类形成了一种"反自然"的生产与生活方式，在发展了科学主义思想的同时，也发展了损害自然环境的科学技术和生产工艺。[1] 因此，自 20 世纪 50 年代始，人类中心主义遭到学术界的猛烈批判，"生态中心主义"等观点随之兴起。

人类中心主义在人工智能领域的映射是：技术研发与应用的目的是为人类服务，在人机关系中采用"主—客"二分法，人为主体，人工智能为客体。而生态环境学"去人类中心主义"的思潮也被部分赞同赋予人工智能以法律人格的学者所接受。生态环境学和环境法学领域内的动物法律主体问题与人工智能法律人格问题具有较大的相似性。有学者认为，从时空的角度来看，人类只是宇宙中不起眼的渺小个体，谈何"宇宙的最终目的"；从意识的角度来看，智力的优势不是证成人类主体地位正当性的理由，例如，婴儿与精神病患者也拥有主体地位，且人类的行为也不全是理性意识支配下的；从人与自然的关系来看，只有人对自然有所认识的极小部分才可称为客体，如果把尺度拉到宇宙中，这一部分更是可忽略不计，自然界的伟力往往是人类所不能及的，人只是适应自然而非改造自然。[2] 人类不是具有唯一性的万灵之长，人类中心主义应被消解，动物获得主体地位不应受到伦理观阻碍。在人工智能领域，同理，我们前面对人格正当性标准的论述，其实都是以人类主体地位为视角展开的，带有人类中心主义的主观性色彩。人类对

1　余谋昌. 关于人与自然的札记 [J]. 清华大学学报（哲学社会科学版），2001（2）：79-85.

2　徐昕. 论动物法律主体资格的确立——人类中心主义法理念及其消解 [J]. 北京科技大学学报（社会科学版），2002（1）：15-20.

自己大脑的了解还不够深入，思维的生成与运行机制仍处于"黑箱"状态，我们何以能说只有人类具有这所谓的"意识自主"与"道德自律"能力？人工智能的物理形态与人类不完全相同，我们又何以能以人类的标准来评价其是否具有"实践自觉"？当推论的前提发生改变时，得出的结论也会大不相同，如褪去这层主观的外衣，我们或许会得到另一种认识。

但是，人类中心主义真的需要被消解吗？这个问题同样值得思考。人类中心是人类发展的必然结果，也是人类认识的伟大成就，整个现代文明都建构于其实践基础上。或许这一观念具有与现代社会不相匹配的地方，但我们可以构建一种相对的、人与自然协同统一的人类中心主义伦理观，[1] 没必要将其彻底抛弃。人类呼吁环境伦理的根本原因是人类利益受到空前威胁，倘若不以人类利益为出发点而为非人类利益进行斗争，有与初衷相悖之嫌。人类利益永远是人类认识和实践活动的起点与归宿，马克思把人和外界物（非人类自然）的关系，看作是满足人的利益需要的关系。离开人类利益的认识与实践，是无法想象的。[2]

人工智能法律人格问题，归根结底是一个具有实践面向的法律问题。从内在角度来看，法律是进行社会调控的规则，法律以稳定性及确定性作为其基本属性，毕竟倘若法律是朝令夕改且充满矛盾的话，人们会无所适从，法律的权威性也无从说起。因此，各项法律规范之间、法律规范与法律体系之间都要尽量处于一个融贯即无矛盾的状态，让人们可以"计算"出自己行为的法律后果，作为行动的准则。从外在角度来看，法律不是一个封闭的系统，它是人类实践理性的产物，凝结了人类社会中具有普适性的价值判断与利益目标，其背后体现的是现阶段与未来一段时间内人类社会经济生活的时代背景与现实需求，换句话说，每一历史阶段的法律都反映了当时人类社会的

1　邱耕田. 从绝对人类中心主义走向相对人类中心主义 [J]. 自然辩证法研究，1997（1）：16–19，59.

2　王建明. "人类中心主义"之我见 [J]. 哲学研究，1995（1）：74–79.

"时代需求"。因此，立法应形成"法律规范—法律体系—时代现状"三个维度的协调，不能无视深层次社会经济因素而盲目制定、变更法律，因为这同样会损害人类社会的根基。

当下是人工智能高速发展的时代，生成式人工智能被认为是最具商业前景的人工智能技术应用。这一技术不但能用于聊天机器人，其在智能对话、智能创作上的能力还可适用于就业、教育、法律等行业。例如，目前已有不少学生和研究者将 ChatGPT 或其他 AI 工具应用于自己的课程与学术研究，用于检索资料、查找错漏甚至是编写作业或撰写论文。AI 工具在检索法律材料、编写法律文书、自动生成裁判文书等方面的应用前景也已被法律行业所重视。

生成式人工智能在带来技术变革的同时，也带来了对观念与现实的双重挑战。第一，伦理挑战。生成式人工智能技术对人类社会影响的增大有可能会改变社会经济模式，其在不同地区的应用程度存在区别，有可能产生或进一步加剧偏见、歧视等道德风险。第二，知识产权挑战。首先，为生成人工智能模型而输入的数据，有可能侵犯他人的知识产权；其次，生成的内容的知识产权定性与归属问题——生成的内容是否构成作品，如果构成作品则权利归属于谁？同时，生成的内容中可能会包含第三方的知识产权内容。第三，个人隐私及数据保护风险。生成式人工智能如 ChatGPT 的学习与改进需要海量的数据，这一庞大需求的客观存在就有可能导致或加剧个人信息与隐私泄漏的风险。第四，在第三点中谈到的个人数据泄露问题，还可能导致不法分子利用获得的数据进行网络诈骗。此外，生成式人工智能对人类语言的强大模拟能力也可能被不法分子用于伪造邮件实施诈骗活动等。

风险的客观存在，使得部分国家或地区的政府部门及相关机构开始对人工智能采取相应的监管与禁止措施。我国香港大学向校内师生发送内部邮件，要求在香港大学的所有课堂、作业和评估中禁用 AI 工具。《科学》(Science)杂志明确表示人工智能不可以成为作者，由 ChatGPT 生成的内容不可以用于出版的作品中。《自然》（*Nature*）杂志认为 ChatGPT 会降低研究质量及透明度，从根本上改变人类作为研究主体的自主性。出于对个人信息泄露风险的担忧，意大利数据监管机构在 2023 年 3 月 31 日发布了临时禁止令，要求 OpenAI 停止使用学习数据中包含意大利公民个人信息的内容。[1]

上述应用前景和现实风险的客观存在，鲜明地阐述了当下关于人工智能技术的时代需求：利用人工智能技术来造福人类社会，以及防范技术滥用导致人的合法权益受到损害。这一时代需求产生了针对人工智能立法的推动力。目前部分国家与地区已开始着手通过立法来引导人工智能产业的发展及防范技术变革带来的风险。

2023 年 8 月 15 日，国家网信办联合七部门发布的《生成式人工智能服务管理暂行办法》正式施行，这被认为是全球首部生成式人工智能正式立法。该办法旨在促进生成式人工智能健康发展和规范应用，维护国家安全和社会公共利益，保护公民、法人和其他组织的合法权益，并在总则部分第四条明确规定了提供及使用生成式人工智能不得宣扬煽动分裂国家及暴恐、歧视与仇恨、淫秽色情、虚假有害信息等法律、行政法规禁止的内容，尊重知识产权与商业道德，保守商业秘密，尊重他人合法权益等基本原则。

2023 年 1 月 26 日，隶属于美国商务部的美国国家标准与技术研究院（NIST）发布了《人工智能风险管理框架》（*Artificial Intelligence Risk Management Framework*），旨在指导相关的机构组织在开发、使用人工智能系统时提高其风险管理能力，促成对人工智能的安全及负责任的使用，以避免偏见和其他负面后果的产生。该框架将人工智能系统的潜在风险分为对人类、对组织、对生态系统的三类危害，并基于此设计了对人工智能系统进行风险管理的治理、映射、测量与管理四大模块。

2024 年 3 月 13 日，欧洲议会表决通过了欧盟《人工智能法案》。2024 年

1　程乐. 生成式人工智能的法律规制——以 ChatGPT 为视角 [J]. 政法论丛，2023（4）：69-80.

5月21日，欧盟理事会正式批准了欧盟的这一法案。该法案主要监管对象是人工智能系统的提供者与使用者。法案对人工智能实行分类分级管理，将AI系统分为不可接受的风险、高风险、有限风险和极低风险等四种风险类型，其中禁止不可接受的风险系统的使用，重点监管高风险系统，有限风险系统则需遵循透明度要求。为保障这一管理制度的运行，还设置了严格的执行机制与惩罚措施。

上述立法各具差异，有的是正式施行的立法，有的则是政策意向或行业指南。在立法严格度上也有所差异，中国与欧盟的管理规范严格度较高，有较为明确的义务性及追责规定；美国的规范严格度相对较低，几乎没有惩罚措施及约束力。但它们在立法目的上却有着很高的相似度：一是促进人工智能产业发展，提升国家经济科技竞争力与国民生活水平；二是防范人工智能技术被人（自然人或法人组织）恶意利用而产生损害他人利益的风险。

各国在立法上的相似性，表明各国均无意颠覆现有的法律秩序。将人工智能定义为"物"而非"人"在法理上是与现行物权制度和法人制度相一致的，法人组织与自然景观等的法律主体地位实际上都是自然人主体地位的映射。人工智能主体问题与动物主体问题最具有相似性，但两者之间也存在着本质上的差别——动物是自然演化的碳基生物，而人工智能则是由人类开发制造的非自然界产物。将动物区别于一般物的制度设计，体现的是人类对于其他碳基生命的共情心理，是人类通过尊重动物生命之举以印证自身情感与本体价值，而人工智能对此并不具有可比性。更重要的是，立法顺应了当下的时代需求，人工智能在各国立法中均被定义为"物"，明确了其作用在于提升人类的科技与经济水平、造福人类生活。对于涉及人工智能的风险的监管与防范，被监管的主体是提供和使用人工智能的人或由人组成的组织，而非人工智能本身。这一时代需求明确地反映了人类至上的立场，构成了人类中心主义伦理观的现实物质基础。

可以说，对于现阶段是否应放弃人类中心主义立场、赋予人工智能以法律人格的问题，上述立法已经给出了否定回答。当今的法律体系，是建构在人类中心主义立场之上，由人所创、以人为本，以人类的福祉为最终价值追求的。上述涉及人工智能的立法，在制度设计上贯彻了人类中心主义原则，人工智能只可以是物而非"人"，因为它是人类所制造的，制造它的理由只有一个——为人类服务。人工智能专家乔安娜·布莱森就坚定地认同立法实践中的"人类中心主义"立场，她看到了在当下若为人工智能赋予主体地位将会对现行法律体系造成冲击及对自然人利益造成威胁（正如前面所述，人工智能的主体地位可能会被自然人恶意滥用并成为其规避责任的屏障），正如其所言："人类的法律是由人创设、依人运作、为人服务的，为了人类的利益不受威胁，我们不应赋予人工智能以法律人格。"[1]

　　关于人工智能是否应具有法律人格的问题，在学术界能否得出一个具有普遍性的答案仍是一个未知数，或许在不远的将来就能做到，或许在未知的未来也无法实现。希望读者可以从本讲中得到一些启发，彼此思想碰撞迸发的刹那火花，也许就是解答此题的关键。

拓 展 阅 读

　　1. 孙占利，钟晓雯，蔡孟兼，等. 人工智能的政策与法律框架研究 [M]. 北京：法律出版社，2022.

　　2. 冯珏. 法人概念论 [M]. 北京：法律出版社，2021.

　　3. [美] 艾萨克·阿西莫夫. 银河帝国：机器人五部曲 [M]. 叶李华，译. 南京：江苏凤凰文艺出版社，2015.

1　Joanna J. Bryson, Mihailis E. Diamantis, Thomas D. Grant. Of, for, and by the People: The Legal Lacuna of Synthetic Persons [J]. Artificial Intelligence and Law, 2017 (25): 273–291.

思 考 探 究

1. 结合历史与现实，你认为成为一个法律上的"人"的标准是什么？

2. 你是否支持为现有技术条件下的人工智能赋予法律人格？又该赋予何种类型与程度的法律人格？

3. 你是否支持"人类中心主义"伦理观？倘若身处强人工智能的时代，你会将其视为与人类同等甚至更高地位的存在，还是将其视为由人所造、为人所用的工具？

第 **6** 讲
人工智能与主体创造

——人工智能可以进行真正的艺术创作吗？

　　20 世纪中叶，英国逻辑学家和计算机先驱艾伦·图灵曾假设人类大脑在很大程度上是一台数字计算机。他的理论是，人类婴儿的大脑皮层就是一种"无组织机器"（unorganized machine），通过适当的干扰"训练"，可以成为一种有组织的通用机器或类似的东西。图灵提出了后来被称为图灵测试的标准，作为判断计算机是否在思考的标准。人工智能自此被广泛应用于数学、心理学、工程学、经济学和政治学等领域。如今，人工智能技术已经走过 70 多年的发展历程。特别是自 2016 年以来，人工智能参与创作生产的数字艺术作品应接不暇，其在艺术领域的应用备受瞩目。特别是通过 ChatGPT 等对话模型，艺术家可以向人工智能提出问题、寻求意见，甚至让人工智能参与创作的决策过程。这种人机合作的方式可以拓宽创作思路，带来全新的艺术表达方式。

━ 人工智能与艺术创作

（一）人工智能参与艺术创作的可能性和相关尝试

纵观人类发展历史，便会发现艺术一直在伴随科技发展而演进。某种程度上，艺术家其实好比科学家，都在探索不同时期的材料技法、人文历史和地理环境，并将获取的知识进一步转化为不同形式的创作。例如，在欧洲文艺复兴时期，达·芬奇可谓是将艺术实践和科学探索精神完美结合的典例，他不仅留下了伟大的画作，还留下了许多科技发明——从民用到军用，如飞行器、机器人、降落伞等。

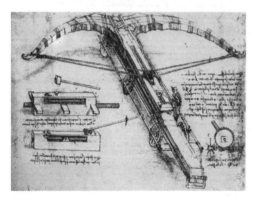

达·芬奇的科技发明手稿

而到了现代时期，科技与艺术的联系更加紧密，世界第一部完全由电脑制作的动画电影《玩具总动员》，在 1995 年由皮克斯动画工作室花费 4 年多时间制作，但在上映之前，却受到了不少人的质疑——电脑真的能制作出具有艺术性的影像作品吗？公映后，《玩具总动员》创下了全球 3 亿 7000 多万美元的高票房，自此跨越了电脑与艺术之间的那一道鸿沟。

艺术想象力的无拘无束，为科技激发了更多可能性；反之，科技也为艺术提供了多样化表达的可能性。在今天，面对科学技术的飞速发展，大量的新媒介和新技术可供艺术家选择。因此，越来越多的艺术家、设计师和跨学科团队正在利用人工智能来促进艺术作品的创新与发展，人工智能开始了写诗、作画、创作剧本等人类引以为傲的创造性工作，更加深入地介入了艺术创作的范畴。下面，我们将通过一些实例来展示人工智能参与艺术创作的新态势及取得的新成果。

2017 年，一部名为《阳光失了玻璃窗》的诗集面市，它的创作者是微软机器人"小冰"。为了提升写诗技能，小冰"学习"了20 世纪 20 年代以来 500 多位中国现代诗人的诗歌作品，创作了数万首诗歌，而后学者们整理了其中的 139 首诗，并出版了史上第一本由人工智能撰写的诗集。[1] 在《阳光失了玻璃窗》诗集中，小冰基于微软提出的情感计算框架，将 1 亿用户教会它的喜悦、悲伤、寂寞等人类情感，以 10 章的诗词形式展现出来。人工智能创作诗集的问世也使得人工智能进行艺术创作的活动受到了广泛的关注并引发热议。

微软机器人小冰创作的诗歌《诗的诗节》

2018 年，人工智能绘画作品《埃德蒙·贝拉米像》（Portrait of Edmond Belamy）的问世更被认为是人工智能向人类最引以为傲的艺术领域下了

售价 43.25 万美元的《埃德蒙·贝拉米像》

1　范慧敏.人工智能艺术创作的哲学研究 [D].天津：天津大学, 2019.

"战书"。这幅人工智能创作的肖像作品在佳士得拍卖会上以 43.25 万美元的高价成交，其价格超过近 20 幅毕加索的画作，成为此次拍卖价格最高的画作。2019 年，人工智能艺术作品《路人记忆一号》在苏富比拍卖行拍卖，人类所专有的想象力和创造力在被人工智能重新定义，人工智能在艺术领域的应用正在进一步推广。

在影视行业，人工智能通过算法直接生成的作品也层出不穷。电影《与车开小差》便是人工智能自编自演的一部作品。人工智能编写剧本后，运行算法自行完成了电影的制作与合成过程，抓取数据库中的电影素材，将选用的素材进行人工智能换脸，同时配上新的电影台词，再通过另一个人工智能体阅读剧本后进行配乐，制作一部人工智能电影仅仅需要 48 小时。[1] 制作完成后，人工智能体甚至标记了自己的著作权——"本杰明"出品。

事实上，除了上述例子中通过人工智能完成的写诗、作画、电影制作等艺术创作活动之外，还有一些极为常见的艺术领域的应用，例如，智能手机中广泛使用的修图软件、绘画软件、文字合成软件等都是人工智能技术参与艺术活动的例证。尤其是近年来兴起的 ChatGPT 等对话模型，进一步助推了人类艺术家与人工智能的对话、互动与合作。一个著名的例子是艺术家郑曦然（Ian Cheng）与人工智能创作伙伴 BOB（Bag of Beliefs）的合作项目。BOB 是一个基于 ChatGPT 的对话模型，它能够理解人类语言并生成有逻辑的回复。郑曦然与 BOB 的对话主要围绕艺术创作的主题展开，例如，创作灵感、艺术风格和创作决策等。但郑曦然并不是简单地将 BOB 作为一个工具来使用，而是将 BOB 视为一个具有独立思考能力的创作伙伴。这个案例展示了人工智能在艺术创作中的潜力和可能性。然而，这种合作方式也引发了一些讨论和争议，例如，人工智能是否真正具备创造力和情感体验等，这些仍需要进一步研究和探讨。

1　余思宇. 人工智能之后的艺术：谁是新的创造主体与观看者 [J]. 艺术与设计, 2020 (3)：160–165.

（二）人工智能参与艺术创作的技术原理及其实际运用存在的缺陷

早在 2012 年，谷歌人工智能研究小组的吴恩达（Andrew Ng）和杰夫·迪恩（Jeff Dean）进行了一次实验，他们使用 1.6 万个 CPU 和 Youtube 上 1000 万张猫脸图片训练了当时最大的深度学习网络，生成了一张猫脸。在现在看来这个结果不值一提，但对当时的计算机视觉（Computer Vision）领域来说，是具有突破性意义的尝试，并且正式开启了人工智能创作的全新方向。

2006 年，杰弗里·辛顿（Geoffrey Hinton）的团队实现了 GPU 优化深度神经网络的方法，从而"深度学习"这个新的名词概念被提出。人工智能技术在艺术领域的应用过程中，影响力最广泛的就是与人工神经网络研究相结合来进行对艺术作品的"深度学习"，通过算法来实现对人类脑神经运行原理的模拟。如典型的 GAN 算法，是由两个相互竞争的神经网络组成，即生成器和鉴别器。利用生成器通过大量的输入学习，来模拟生成具有某种特定风格元素的作品，再通过鉴别器来进行评判，直到生成器输出的作品能够顺利通过鉴别器的识别，以此来实现对于人类艺术作品的模拟性创作。但是，GAN 算法也存在一些弊端，比如，要让生成的数据分布接近真实数据分布，即生成的内容会非常接近现有内容，接近也就意味着很难带来艺术上的"创新"。

此外，艺术创作包含了人类智能中最复杂的几个部分，如创造力、感受力、想象与审美情感等众多因素，而当前的人工智能则更侧重于技术层面的开发与应用。虽然人工智能根据大量的数据"学习"到某种艺术风格，但这种"学习"过程只是把以往的艺术文本进行了"临摹""扫描""记忆"等机械学习，通过这种反复"学习"，形成写诗、作画的"技能"。[1] 因此，

---

1 张弓，张玉能.为什么人工智能"创作"不出美的艺术作品——从新实践美学角度看 [J].青岛科技大学学报（社会科学版），2022（1）：57–62，77.

人工智能的"学习"主要是一个简单机械的复制过程，而这种机械复制并不能真正理解人类社会的复杂性和多变性，无法真正摸索人类思维的奥秘和玄妙。也就是说，人工智能仅仅是通过成千上万次的机械重复形成了机械的技艺，之后再按照图像和关键词的指令有选择地机械复制语言文字与图像符号。

以当代数字视觉艺术为例，人工智能作品《梵高自画像》是输入荷兰艺术家梵高的自画像，通过深度学习神经网络模型进行训练，生成类似于梵高画风的自画像。这一技术被称为"风格迁移"（style transfer），它可以将一幅图像的内容和风格进行分离，从而实现将一幅图像转化成不同风格的图像。这种数字视觉艺术作品主要是从庞大的数据图库中强化归纳，选取"适合"的图像进行拼贴、重组，作品注重的是科技性表现，而艺术作品的独特性、感染性和情感性只是其附加属性。

人类艺术的原创性源自人类自身的情感、精神的诉求，这是人工智能无法完全替代的。虽然现在人工智能在创作一些特定类型的艺术作品上表现得越来越好，但仍然不能取代人类成为一切艺术的主体。因此，未来人工智能发展的重点之一是如何获得更好的情感认知和人文关怀，以更好地满足人类的审美需求和文化需求。

梵高的《自画像》（油画作品，19 世纪）与人工智能生成的《梵高自画像》（电脑艺术作品，2015 年）

🔵 二　人工智能参与艺术创作的实践研究——以绘画艺术为例

目前，艺术的模仿与再创造是人工智能在艺术创作中的一种主要应用方式。这种方式常见于人工智能驱动下的绘画艺术等领域。基于已有艺术作品的学习，人工智能提取其特征与风格等关键信息，再将它们运用于新的图像内容上，从而形成风格与内容混合的全新图像。人工智能在绘画艺术领域的应用已经相当丰富，比如，进行自动绘画、图像风格转换、自动涂色和创作辅助等。在自动绘画方面，人工智能可以通过学习大量的绘画作品和技巧，自动绘制出类似于人类艺术家的作品。这种技术已经被应用于绘画软件和应用程序中，使得没有绘画经验的人也可以轻松地创造出优美的艺术品。在图像风格转换方面，人工智能可以将一张图像的风格转换为另一张图像的风格，如人们将自己的照片转换成像素风格、印象派风格、油画风格等不同的绘画风格。在自动涂色方面，人工智能可以通过学习大量的黑白线稿，自动为线稿添加颜色。这种技术已经被应用于漫画和动画制作中，使得涂色的过程更加自动化和高效。在创作辅助方面，人工智能可以通过学习大量的艺术作品和技巧，为艺术家提供创作灵感和建议，例如，可以使用人工智能生成一些创意性的构图和配色方案，帮助艺术家更快地完成作品。

（一）人工智能在绘画艺术领域的应用

下面这个头戴宽檐帽、身着白纱领黑衣的男人看起来像极了一件来自 17 世纪的艺术品。不过，这件被称为《下一个伦勃朗》（ *The Next Rembrandt* ）的作品实际上却是人工智能数据分析的产物。2014 年 10 月，荷兰金融公司 ING 与智威汤逊广告公司一同发起了一个展现荷兰艺术发展历程的项目，该项目的专家团队开发出了一款可以对伦勃朗的艺术作品进行风格分析的软件。这款软件有着复杂的运算方式及面部识别系统，可以依照伦勃朗的构图与绘画材料进行创作。它对伦勃朗的作品进行了分析，并且推断出伦勃朗下

软件生成的作品《下一个伦勃朗》

一件作品可能的面貌，从而生成了一张以伦勃朗风格创作的油画。

《下一个伦勃朗》是基于伦勃朗大量原有绘画作品的技术数据生成的，是人工智能对大师作品的模仿与再创造。因为伦勃朗大部分的作品都是肖像画，所以该团队认为《下一个伦勃朗》符合这一趋势。从统计学上来看，这位艺术家画的最多的是白人男性，年龄介于 30 至 40 岁之间，并且画中人物可能穿的是黑白两色的衣服，具有面部朝向光源的特征。在这些数据参照之下，运算程序根据分析结果创作出一个人类的面部，并根据伦勃朗的偏好对其进行排列组合。在创作过程中，计算机花了 500 个小时来构建画面，这包含了 1.48 亿像素，其中所有的元素都效仿了这位艺术家知名的光影效果。这幅图片使用了 3D 扫描技术，将伦勃朗的笔触结合到了画面当中，并且使用了真正的油画材料进行打印，营造出了真实油画的触感。

2015 年夏天，谷歌推出了一款图像识别工具 DeepDream，这个工具是在人工神经网络算法的基础上，将人们输入的图像转化为机器识别的图像，因为画风怪异，一经发布就引起了轰动。或许对大多数人来说，它只是一个为照片增加怪诞效果的新奇软件，但美国艺术家丹尼尔·安布罗西（Daniel Ambrosi）却看到了它作为创作辅助工具的无限潜力。"与简单的图片过滤工具不同，DeepDream 会根据它所'看到'的图片内容，来对图片进行转换——DeepDream 会去寻找在训练过程中它所熟悉的内容。"正如丹尼尔·安布罗西在接受采访时所说的，最初开发 DeepDream 的软件工程师或许很难想到，这个系统有一天会被用作辅助艺术创作的工具，并带来令人意想不到的效果。

人工智能为艺术创作增加了更多可能性，同样也为其带来了更多灵感。DeepDream 特有的机器语言为丹

Dreamscapes 4 : Inceptionist Impressions 系列中的作品细节，场景拍摄于加利福尼亚州太平洋上的菲茨杰拉德海洋保护区

尼尔·安布罗西的景观摄影添加了抽象元素，其效果有些类似于印象派画家用粗线条笔刷给他们的作品增加的特别"情绪"和"味道"。"我对我那些数百兆像素的全景照片在细节上进行了一次'梦化'。这样做出来的最终效果就是，我的全场景梦化景观（Dreamscapes）从远处看就是一幅写实摄影作品，但近距离看时，却是数字幻想作品。"丹尼尔·安布罗西认为，DeepDream 向人们证明了不同的物种（甚至包括机器）所"看到"的世界其实是完全不同的，它对图像的转换是因图而变的——它会根据原图拍摄的形式、颜色和纹理，而对原图进行独一无二的转换。

人工智能为艺术的创作和表达打开了一个又一个令人兴奋的窗口，在进行自动绘画、图像风格转换之外，人工智能还可以根据文本描述生成图像。2020 年 6 月，一家名为 OpenAI 的美国人工智能研究实验室开发了 GPT-3。GPT-3 是一种语言模型，目的是使用深度学习产生人类可以理解的自然语言。2023 年 3 月，OpenAI 又发布了 GPT-4。基于 GPT-3，OpenAI 开发了 DALL·E。看到 DALL·E 这个名字，有些人可能会想，这名字是不是跟西班牙超现实主义画家达利有什么联系。事实确实如此，DALL·E 是由艺术家

萨尔瓦多·达利（Salvador Dali）和知名科幻机器人瓦力（WALL·E）的名
字组合而成的。

画家达利与动画片机器人瓦力

经过专门训练，DALL·E 可以基于文字描述生成图像。例如，输入"猫
头鹰坐在田地上，多边形网格"，即可看到下图所显示的结果。

DALL·E 生成的猫头鹰图像

DALL·E 模型的技术和 GPT-3 的技术应该是大同小异的，同样采用了 Transformer 模型。它预示着一种被称为"多模态 AI"的新型 AI 范式的到来，这种范式似乎注定了人工智能的未来。多模态 AI 系统能够在多种信息模态之间进行解释、综合和翻译，在 DALL·E 的使用中，这些信息模态便是语言和图像。毫无疑问，DALL·E 虽然并不是第一个多模态 AI 的应用，但它是迄今为止最有创造力的。

2022 年 4 月，人工智能公司 OpenAI 发布了第二代图像生成模型 DALL·E 2。DALL·E 2 具有更高分辨率和更低延迟，精确度改善了 71.7%，写实度改善了 88.8%，解析度更是原本的 4 倍，还可结合概念、属性及风格打造更生动的图像，如以莫奈的风格画出草原上的狐狸。更为关键的是，从艺术史上最有名的画作，到超写实的图片和 3D 作品，DALL·E 2 都呈现出了惊人的模仿效果，以及远超人类艺术家的效率。通常，DALL·E 2 可以在 30 秒内就生成一幅画作，而人类画师花费的时间，则是以小时计算。

（二）AI 绘画的版权归属问题及解决方案

随着人工智能绘画作品的数量不断增加，版权归属问题成为一个亟待解决的问题，因为在这种情况下，确定作品的创作者和版权所有者变得更加困难。在传统的艺术创作中，艺术家通常是作品的创作者，他们拥有作品的版权。但是，在人工智能生成的绘画作品中，可能涉及多个因素的贡献，包括算法、数据集、训练模型等。

人工智能参与绘画引发了不少原创者对于版权的隐忧。2023 年 3 月，知名网易图片社区 LOFTER 上线了一款名为"老福鸽画画机"的 AI 绘制头像工具，却被自己的核心用户抵制，因此上了热搜。使用这款工具，用户只要输入几个关键词就能得到一张美美的二次元画风头像。此举引发了该平台大量用户的不满，质疑该功能的素材来源，指责平台不尊重创作者的知识产权。许多原创画师纷纷"销号跑路"，并在网络上发文抵制。

为什么 LOFTER 上线 AI 绘画功能，会遇到如此大的抵制呢？很大一部分原因在于，LOFTER 是一个创作者聚集的社区，其中包括大量的原创画师，而这样一个以创作者为核心和特色的社区推出的"AI 绘画"功能，让创作者们感到 LOFTER 平台背离了初心。LOFTER 上的原创者们主要担心两方面问题。一方面是担心原创画作可能被当作 AI 的训练素材。画师刚上传作品，可能就被收集进了 AI 的数据库，紧接着的是作品被 AI 分析，并被拆解整合进"老福鸽画画机"。对"抄袭"的反感让画师们不再上传原创作品，并纷纷注销账号。另一方面，有用户关注到"老福鸽画画机"页面显示有 10 次免费次数，这意味着此款功能有付费的可能性。一想到原创画作可能被分解后被平台拿去商用，原创画师们更是灰心。不少在 LOFTER 站内具有一定粉丝基础和热度的原创作者，已经发布退出宣言，删除原创画作，并注销账号。对 AI 绘画的恐惧与抵触，说到底源自生存焦虑，很多原创画师担心，AI 会让抄袭变得更简单，原创画师则会逐渐失去生存空间。

此外，人工智能生成的绘画作品是否能够得到版权保护，目前在法律上也处于模糊地带。漫画《黎明的曙光》的作者卡什塔诺娃使用了由 AI 制作生成的图片。2022 年 9 月，卡什塔诺娃申请版权保护。但美国版权局官方却并没有通过其申请，并在 2023 年 2 月 21 日向卡什塔诺娃的律师表示将撤回对卡什塔诺娃 AI 制作插画的版权保护。在此后的双方拉锯战中，美国版权局坚称："只有人类的图像才能得到版权的保护。"我国相关法律界人士也指出，AI 没有独立人格，不具备我国著作权法中"作者"的主体资格。可以预见的是，随着人工智能的飞速发展，人类与 AI 之间如何共处，科学和伦理的边界

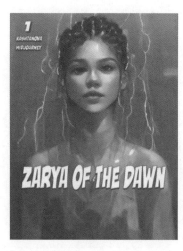

《黎明的曙光》

如何界定，将会持续成为热议的话题。

因此，对于人工智能生成的绘画作品，需要进行更加细致和复杂的版权归属判断。目前，有一些机构和法律专家正在研究这个问题，并提出了一些解决方案，例如，将版权分配给算法的开发者或训练数据的提供者，或者将版权分配给使用算法生成作品的人或组织，或者将版权制定为共同所有权等等。

在未来，可以从三个方面着手解决这一问题。第一，确立新的版权归属规则，将 AI 绘画作品的版权归于 AI 程序的开发者、使用者，或者授权者，这样可以确保创作者能够获得适当的回报。第二，制定特定的 AI 绘画作品版权法，为 AI 绘画作品制定专门的版权法规，以解决类似的问题，确保人工智能创作的绘画作品能够得到合理的保护。第三，增强跨境合作与立法协同，加强国际版权合作，共同制定国际性的 AI 绘画作品版权法规，以应对全球范围内的版权纠纷。目前，这个问题仍然存在许多争议和不确定性，需要更多的研究和探讨来找到更好的解决方案。人工智能在绘画艺术领域的应用带来了许多令人兴奋的创新，但我们也需要认真思考如何保护艺术家的创作权益，并制定相应的法律来解决版权归属问题。

（三）人工智能是否会取代人类艺术家

人工智能在绘画艺术领域的应用大大提高了绘画作品的生成效率和质量，人工智能可以通过学习大量的艺术作品和技巧，自动生成类似于人类艺术家的作品。随着人工智能技术的发展，画家这个职业似乎也将被 AI 取代。据发表在美国《艺术实证研究》上的一项新研究表明，从抽象表现主义的杰作到对现实世界的完美刻画，AI 已可创造出与人类画作没有明显区别的艺术品。研究结果显示，越来越多的个人已无法准确识别 AI 生成的艺术品，他们常常会将现实艺术作品与人类联系起来，将抽象艺术作品与机器联系起来。

但是，人工智能的创造力和想象力是有限的，它只能根据已有的数据和

《星月夜》，梵高于 1889 年创作

规则生成作品，缺乏人类艺术家所具有的独特创意和情感表达能力。荷兰后印象派画家梵高在代表作《星月夜》中展现出极佳的创意，弯曲的长线、破碎的短线交互运用，使得画面呈现出炫目的奇幻景象，极具表现力。而这些表现手法，在人类艺术家没有创造出之前，在没有将人类艺术家已有的作品作为人工智能训练素材之前，人工智能是不可能"无中生有"，生成类似风格的。

在绘画创作中，创造力和想象力是非常重要的，它们是人类艺术家的核心竞争力。艺术家可以用自己独特的方式表达内心的情感和思想，创作出具有独特性和个性化的艺术作品。而人工智能只能根据已有的数据和规则生成作品，无法表达这种个性化的情感和思想。尽管人工智能在绘画艺术领域取得了显著的成果，但它并不能够完全取代人类艺术家。人工智能可以帮助人类完成一些烦琐的工作，但它无法完全理解人类的情感、思想和文化背景。绘画创作不仅仅是技术层面的问题，更是表达个体情感和文化的过程。

因此，人类艺术家在这方面依然具有不可替代的优势。

相比于人工智能，人类艺术家在以下几个方面具有独特的优势。

第一，情感的表达。人类艺术家可以通过艺术作品传达自己的情感和感受，因为他们有着独特的思维和情感表达能力。艺术作品通常不仅仅是一种视觉上的刺激，更是一种情感和思想的传递。人类艺术家借助自己的创造力和想象力创造出的艺术作品，可以引起观众的情感共鸣。相比之下，人工智能缺乏理解和表达情感的能力。虽然人工智能可以学习、模仿和生成类似于人类艺术家的作品，但是它无法像人类那样理解和表达情感。人工智能生成的作品通常是机械的、冷漠的，缺乏人类艺术家所具有的情感和思想的深度与广度。艺术作品的核心是情感和思想的表达，这是人类艺术家所具有的独特优势。

第二，文化背景的融入。人类艺术家可以将自己的文化背景融入作品中，使作品具有更加丰富的内涵和独特的风格。人类艺术家的文化背景是他们创作出独特艺术作品的重要因素之一。艺术家的文化背景包括他们生活的社会、历史和地域背景，以及他们所接受的艺术教育和影响等。这些因素共同构成了艺术家的艺术风格和创作风格，使得他们的作品具有独特的文化内涵和风格特点。艺术作品则恰恰是一种文化的表达和传承，艺术家通过自己的创造力和想象力，将自己的文化背景和价值观融入作品中，表达自己的情感和思想。这些作品不仅仅是一种艺术形式，更是一种文化传承和交流的方式。相比之下，人工智能生成的绘画作品通常缺乏文化背景和历史感，因为它们只是根据已有的数据和规则生成作品，缺乏创造力和想象力。虽然人工智能可以模仿和生成类似于人类艺术家的作品，但是这些作品通常缺乏文化内涵和独特的风格。

第三，更为灵活的创作过程。艺术家可以通过自己的创造力和想象力，随时调整和修改作品，使其更加符合自己的意愿和想法，同时也可以更好地表达自己的情感和思想，这是人类艺术家所具有的独特优势之一。相比之下，人工智能生成的作品通常是机械的、冷漠的，它们缺乏创造力和想象力，无法根据自己的意愿随时调整和修改作品。虽然人工智能可以学习和模仿人类艺术家的作品，但是它只能被动地依靠用户手动调整指令来调整作品，无法像人类那样具有自我意识和自我调整的能力。

第四，对社会现象的深刻理解。艺术家可以通过自己的感性认知和理性思考，深刻地理解与反思社会现象，在作品中表达自己对社会的关注和理解，同时也引起观众的共鸣和思考。相比之下，人工智能生成的作品通常只是根据已有的数据和规则生成。人工智能缺乏感性认知和理性思考的能力，无法深刻地理解社会现象，更无法表达对社会的关注和思考。

《清明上河图》（局部），北宋画家张择端作，文化背景基于北宋时期的城市经济

（四）人类艺术家如何应对人工智能绘画的挑战

人类发展历史上，每一次科学技术革新都带来了生产力的极大提升，同时也给一些旧产业的从业人员带来了巨大的挑战，一些职业也就此湮灭在历史的尘烟中，例如，纺织机器时代的手工师傅、内燃机时代的马车夫，不求变则必然被边缘化甚至被淘汰。人工智能浪潮汹涌，面对人工智能绘画的挑战，人类艺术家应当采取哪些策略来应对呢？

首先，人类艺术家应保持开放的心态。人类艺术家可以通过学习人工智能绘画的基本原理和技术，了解它的优点和局限性，探索其在创作中的潜在应用和可能性，例如，使用人工智能生成的图像作为素材，或者使用人工智能生成的线稿作为参考，将人工智能绘画与自己的风格和创意相结合，创作出具有独特性和个性化的艺术作品，从而更好地应用它来辅助自己的创作。

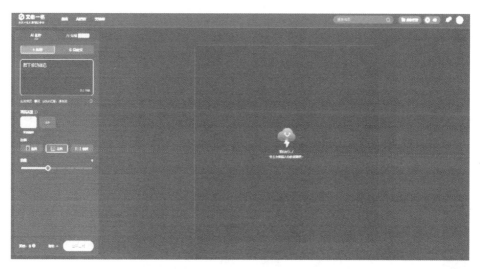

借助百度"文心一格"AI艺术和创意辅助平台，用户可输入创意想法，由AI辅助创作底稿

其次，强调个性化创作。在创作过程中，人类艺术家应将自己独特的生命体验、情感和文化背景融入作品中，应亲近自然、深入生活，在自然社会生活的实践中历练熏陶，保持敏锐的观察力和感受力，练就识美和懂美的眼

力，使作品具有更强的个性化特征。

最后，进行跨领域合作。博览群艺、广泛撷取，从文学、戏剧、电影、音乐、舞蹈、雕塑、建筑等其他艺术门类中汲取营养，丰富自身的认知和扩充心灵的维度，与其他领域的艺术家、科学家、工程师等进行合作，系统思考自己的创作脉络，并尝试运用新的技术和手法，将自己的独特生命体验融入创作表达中，探索人工智能在绘画艺术领域的新应用。

总之，人工智能在绘画艺术领域取得了显著的成果，但它不会完全取代人类艺术家。人类艺术家具有情感表达、文化背景融入、灵活创作等独特优势。面对人工智能绘画的挑战，人类艺术家应保持开放的心态，从人工智能绘画中汲取灵感，强调个性化创作，并提升自身技艺。只有这样，人类艺术家才能在人工智能的浪潮中立于不败之地。

三 人工智能与艺术创作合作的必要性

人工智能介入艺术创作，给传统的艺术创作形式带来了挑战。例如，19 世纪 30 年代摄影技术的出现给以写实油画为主流的西方艺术带来了巨大冲击，原本需要长时间才能完成的写实油画，因照相机的出现几秒便可成片。这让许多以画画为生的艺术家放弃了绘画，另谋出路。20 世纪 90 年代以来发展的 3D 打印技术对于传统雕塑而言也是一次"降维打击"，3D 打印可以精确地控制每个细节，从而完成更加精细、准确的

3D 打印机

雕塑作品，相比之下，传统雕塑需要艺术家花费大量的时间和精力来手工雕刻每个细节；另外，3D 打印可以在短时间内完成复杂的雕塑模型，从而大大缩短了雕塑作品的制作周期，相比之下，传统雕塑需要花费数周或数月的时间来完成一个大型雕塑作品。在 3D 打印技术的冲击下，传统雕塑行业被迫进行转型。

　　然而，科技与艺术从来不是二选一的课题，有危必有机，正是照相机的出现，给油画艺术带来改革的契机，以注重情感表达和光影色彩的印象派正是在此背景下诞生的。也正是 3D 打印技术的进步，使得雕塑家可以使用计算机辅助设计软件来创建三维模型，并使用 3D 打印机将其变成实体雕塑。这种方式不仅可以提高雕塑家的工作效率，还可以创作出更加复杂、精细的雕塑作品。此外，另一个更加贴近现实生活的例子是虚拟博物馆的建设。通过 3D 建模、虚拟现实等技术，虚拟博物馆将实体博物馆的展览内容"搬运"到了线上，呈现出逼真的场景和展品，通过互联网让观众在任何时间、任何地点都可以观看博物馆的展览和藏品。虚拟博物馆相对于实体博物馆具有无地域限制、丰富多样的展览内容、舒适便利的观展体验和个性

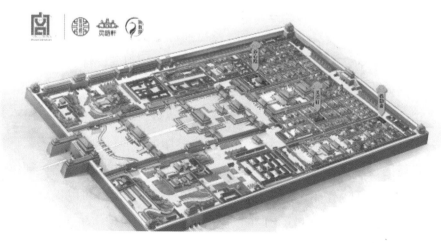

VR 故宫网站界面

化定制服务等优势。这些优势使得虚拟博物馆成为一个越来越受欢迎的文化和艺术展示方式，同时也为观众提供了更加多样、便捷、个性化的文化和艺术体验。尤其在一些特殊时期，虚拟博物馆更是具有代替实体博物馆的作用，观众不必亲身前往实体博物馆，也可以享受到博物馆带来的文化和艺术盛宴。

艺术正逐渐步入复合化、多元化时代，创新能力是当前艺术设计行业对人才的核心需求。适应并跟随时代发展是大势所趋，融合创新，寻找艺术与科技二者的契合点，实属必要。

（一）人工智能技术能够突破人类身体机能的局限性

人类拥有丰富的想象力和创造力，但是在艺术作品的创作过程中还是会受到人类身体机能等方面的限制。而人工智能技术则可以通过制作软件或者虚拟现实等工具，让过去从事复杂、烦琐工作的艺术家们得以解放，从而将更多的精力投入到开拓性的工作中去。例如，使用人工智能可以快速生成草图，自动生成配色方案，对比画作中的色彩、纹理和结构等。这些都可以帮助艺术家更快地完成作品，并且提高作品的质量。人工智能可以帮助艺术家创作更加精细和复杂的艺术作品。在雕塑创作中，艺术家们需要掌握不同工具和材料的使用技艺，然后通过手工操作来完成作品。而往往有很多复杂的造型是难以通过传统手工技艺来实现的，特别是对于一些需要精细操作的细节部分，如雕塑中的人体肌肉组织的细节等。这时，使用人工智能技术来制作模具或者使用数字化雕塑工具，可以更加方便高效地完成雕塑创作。此外，ChatGPT参与艺术创作也能够帮助艺术家突破自身身体机能的局限性，提高创作效率和精度。譬如，一位插画师正在创作一幅科幻风格的插画作品，他与ChatGPT进行对话，插画师可以提出关于未来科技的问题和需求，ChatGPT可以提供一些现有的科幻作品、科技趋势及相关的艺术创作技巧，帮助插画师提高对未来科技的想象力。这样，插画师可以从 ChatGPT 的回答中获得灵感和知识，从而突破自身想象力的限制，创作出更具创意和独特性的作品。

（二）人工智能技术能够助力艺术家拓宽创作思路

人工智能可以通过分析大量的数据和样本来生成新的创意与想法，这些创意与想法可能是艺术家从未想到过的。例如，漫画家在绘画的过程中，需要参考不同的书籍、图片和视频教材，深入研究各种不同种类绘画的风格和技巧，比如，素描、线条、色彩搭配及透视等。人工智能技术可以通过机器学习算法对大量的漫画作品进行分析和学习，然后将学习到的风格和技巧应用到漫画家的作品中，从而让漫画家的作品更加出色。因此，人工智能技术可以作为一种辅助和补充手段，帮助艺术家更好地实现自己的创作意图及拓展创作的思路。在国外，人工智能与艺术家共同创作出全新艺术品的实例屡见不鲜，如日本艺术家谷口雅春就与人工智能合作制作了一个名为"无穷元素"的艺术装置，该装置利用人工智能的语音识别和声音合成技术，与参观者互动创作出不同的音乐艺术作品。德国艺术家马里奥·克林格曼（Mario Klingemann）使用人工智能制作了一系列名为"一千个独特的未来"（1000 unique futures）的图形，这些图形激发了人们对未来科技世界的想象和思考。

（三）人工智能技术能够帮助艺术家探索未知领域

人工智能可以帮助艺术家探索未知领域，如虚拟现实、增强现实和人机交互等等，为艺术家带来新的创作灵感和机遇。虚拟现实技术可以为艺术家提供更加丰富、真实的艺术体验。通过使用虚拟现实技术，艺术家可以创作出更加逼真、沉浸式的艺术作品，让观众身临其境。艺术家可以利用虚拟现实技术创造出独特的艺术场景和体验，从而创作出全新的艺术作品。增强现实技术则可以将现实世界和虚拟世界相结合，为艺术家提供新的创作方式和机遇。艺术家可以使用增强现实技术创作出具有交互性和动态性的艺术作品，让观众可以与作品进行互动和探索。总之，通过利用人工智能技术，艺术家可以创作出更加丰富、真实、具有交互性和动态性的艺术作品，从而拓展艺术创作的边界，为观众带来全新的艺术体验。

（四）人工智能技术能够为艺术作品的保护提供新支持

人工智能技术能够通过成熟的算法及其应用帮助艺术家保护自己的权益，使得艺术品的版权保护成为一件更加容易和高效的事情。首先，人工智能技术可以用于艺术作品图像的智能识别。艺术作品图像的智能识别可以为艺术作品著作权的保护提供帮助。通过对艺术作品图像的智能识别，可以及时发现并监测到盗版和翻拍的现象。例如，一家名为 DigiMarc 的美国公司采用了图像搜索技术，这种技术可以即时地比对原始艺术作品和实物图像，从而可以将未经授权的复制品或拍照版识别并标记出来，以此来起到保护作品版权的作用。其次，人工智能技术可以从数据库中发现和记录未来的盗版风险。利用深度学习技术，可以在海量的艺术品数据库中寻找规律，并且进行数据挖掘，找出那些未来有被盗版风险或者受到盗版威胁的作品。这种方式能够帮助艺术家们提前采取措施，起到保护自身版权的作用。美国的一家名为 Cambridge Image Analysis（剑桥图像分析）的公司就利用了这种方法，在大量的图像数据库中训练机器模型，从而预测出大量的图片可能会在何时何地被盗版。

拓 展 阅 读

1. 谭力勤 . 奇点艺术：未来艺术在科技奇点冲击下的蜕变 [M]. 北京：机械工业出版社，2018.

2. [德] 奥利弗·格劳 . 虚拟艺术 [M]. 陈玲，译 . 北京：清华大学出版社，2007.

思 考 探 究

1. 人工智能艺术作品中的艺术价值如何体现？ AI 创作会给艺术带来哪些方面的影响？

2. AI 作品只能让观众赞叹其技术层面的高超，却难以令人从中体会出它背后的情感和个人独特性的表达。对此你怎么看？

3. 一种观点认为，人类是艺术的主体，是否为艺术应当从人类的角度出发，创作者非人类的都不能被称作艺术，因此，人工智能绘画不是艺术；另一种观点认为，艺术接受主体是每一个观众，而人工智能目前已经收获了一大批观众，每个观众对于画作都有自己的艺术解读，因此，AI 画作自然是艺术。你支持上述哪种观点？为什么？

第 7 讲

人工智能与社会公平

——人工智能会让社会更公平吗？

　　在讨论了人工智能自身的能力后，我们将开始关注人工智能对现实社会所产生的影响。在这一讲中，我们主要关注"社会公平"问题及人工智能对其产生的影响。在前面的章节中，我们已经看到人工智能如何通过自然语言处理与深度学习实现对人类智能思维和行为的模拟，人工智能技术也已经在许多领域得到应用，如医疗诊断、自动驾驶、智能机器人等。它们无疑为人类带来了技术的进步、生产力的发展和效率的提高。但这只是问题的开始："效率"与"公平"未必始终是携手共进的，反而有时会出现为了一者而牺牲另一者的情况。人工智能技术有可能是普惠的，但历史与现实告诉我们，它也同样有可能产生新的社会不公平问题。人工智能到底在何种意义上和哪些具体方面对社会公平问题产生影响？这就是本讲要讨论的内容。

　　首先我们需要思考的问题是，到底何为公平？社会公平问题的背后有着哪些深层次的原因？哪些因素会对社会公平产生影响？我们先对这些问题进行简单探讨。

一 关于"公平"的哲学思考

（一）何为公平？——从现象到本质

朴素的"公平观"认为，公平就是"大家都能获得同等的对待"，社会中人人都能够平等地享有教育、就业、医疗、住房等基本权益。从一些现象上来看，一个社会中人和人之间的生存境况差距较小，社会就趋向于公平；如果人和人之间贫富差距较大，或者享受到的社会资源的差距过大，社会就不公平。如此进行判断大致是没有问题的，但如果我们更加深入地思考"现象"背后的"本质"，一定要回答的问题就是：到底是什么原因使得社会产生不公平现象？

也许有些人会认为，社会的不公平状态是"自然的"。它源于人与人之间的能力差异，因此，社会本身就应该呈现为不均衡的状态。所谓的"公平"，只是人们出于人道主义关怀对能力更弱者的同情和帮助。但马克思在对资本主义生产方式，对我们当下主导性的世界秩序——进行观察和分析后得出了答案，即不公平问题绝非简单的个人能力问题，而是资产阶级对无产阶级进行剥削的结果。

让我们设想一下，假设在某个群体中，有一批人更富有，另一批人相对而言更贫穷，是不是此时让大家上缴所有的钱，再平均分给大家，就达到公平了呢？结果是否定的，因为有些人家里有资本（如矿场、企业、巨额的可用于投资的货币等），他们仍然可以雇用其他家里没有这些资本的人给自己劳动，而自己则可以相对悠闲地获取利润，不公平的现象仍然会随着一次的平均分配后接踵而至。马克思正是看到了现实社会中不断生成着剥削和不公平的结构，才发现这种不公平源自资本家对工人阶级劳动价值的剥夺。马克思认为，产生资本家和工人阶级的原因是劳动条件与劳动力的分离，原本作为一切价值来源的劳动反而屈从于资本（也就是劳动条件）的力量，也就是工人要屈从于机器、厂房、企业。积累起来的"死劳动"获得更多的利润，创造价值的"活劳动"反而成为生产中"无足轻重"的要素，资本家的利润事实上都是从工人阶级中榨取而获得的，资本家则不付出任何劳动。这种剥削机制使得工人被迫以低工资出卖自己的劳动力，而资本家通过占有生产资料实现财富积累。

因此，真正用血汗劳动为整个社会创造价值的工人阶级反倒只能获得最微薄的收入，成为一无所有、为生活而奔波劳苦的"无产阶级"；没有付出劳动的一方反而占有了绝大部分的利润，或用以奢侈消费、纸醉金迷，或用以再次投入资本市场，换取更大的收益。而毫无疑问的是，这些收益同样是通过继续剥削真正付出劳动创造价值的无产阶级得来的。正因为如此，马克思对社会不公平问题的主张不是简单的收入再分配，而是努力解决这种不公平的内在本质结构，最终实现消除私有制。彼时生产资料和生产成果将由真正创造社会价值的劳动者所支配，这样才能实现真正的社会公平。因此，我们可以发现，公平问题绝不仅仅是"个人能力差异"这么简单，而是深刻的社会结构与历史逻辑问题。

（二）技术如何影响社会公平？

马克思虽然无情地批判了资本主义制度，但以辩证法的方式看待历史的他显然不会认为资本主义"一无是处"。马克思曾多次表示，资本主义生产方式意味着生产力的极大发展，而共产主义的物质基础也正是脱胎于此。因此，要想实现社会进步，生产力的发展无疑是最为重要的因素之一。在此，我们先将视野转向作为"第一生产力"的一般性技术，考察技术是如何对社会公平产生影响的。

在一些思想家眼中，"人类的历史就是技术的历史"。随着技术的不断发明和创新，人类的社会结构不断发生翻天覆地的变化：农业技术的发展使人类能够进行种植，使得食物供应从捕猎与采摘转向大规模农作，最受人类欢迎的土地从低山与丘陵转向平原，稳定的食物获取推动了人口的增长和聚居地的形成，人类社会的组织方式才从零散的"部落"转向统一的"国家"；从马匹到航海再到工业革命的蒸汽动力，交通技术的发展使得人们的交往范围不断扩大，东方的"丝绸之路"与西方的"大航海"时代开启了整个"世界史"的时代，人们终于从"靠山吃山，靠水吃水"的"地方性发展"中解放了，随着贸易的不断扩大，商业开始成为农业与工业以外的重要生产方式；而工业革命的机械化大生产和工厂制度更是大幅度提高了生产效率；随后，信息技术的崛起进一步加速了社会生产力发展，提供了更高效的通信和信息交流手段，通过互联网推动了数字全球化的形成……以上的这些重大进步创造了我们身边物质性的一切，我们才能在日常生活中随意"享用"飞机、手机和炸鸡。整个人类社会都从中受益。

在技术的发展史中我们看到，农业技术的改进使得人们有能力生产更多的农产品，不再只是"靠山吃山，靠水吃水"，只有农业资源丰富的地区的人有好日子过，而荒漠地区的人们吃饱肚子都成为奢望；工业革命时期，机器的运用改变了劳动方式，并创造了更多的工作岗位，原有的"皇权""贵族"等特权阶级变成了政治上的一般公民与经济上的独立劳动力，共同进入统一的市场进行竞争；此外，信息技术的普及提供了更多的学习机会和信息获取途径，使得知识和教育资源不再是有钱人家才能获取的，而是变为普惠教育与义务教育。以上是我们看到的，技术的进步给人类带来更多公平的希望。

但技术的发展同样也会给社会公平蒙上阴影。让我们看一组数据：20世纪90年代开始，世界开始变得更加不平衡，世界上最富有的358个人的资产净值等于世界上最贫困的45%的人口（共计23亿人）的收入总和。世界上前三名亿万富豪的资产超过了所有最不发达国家共计6亿人的国民生产总值的总和。在美国，前1%收入的人在国民收入中所占的份额在20年间翻了1倍，前0.1%则翻了3倍有余，但全国的真实平均工资却在下降。[1]其中

---

1 ［英］大卫·哈维.资本的限度[M].张寅，译.北京：中信出版社，2017：6-7.

多数极有钱的人是"高新技术"企业的高级管理者，技术的普及和进步给他们带来了巨额利润，但却未能惠及最底层的民众；根据联合国的测算，有赖于农业技术和工业技术的发展，2010 年，全球的粮食总产量已经足以喂饱全世界所有的人，但到了 2020 年，全世界仍有数亿民众食不果腹，"长期没有条件吃饱饭"的人足有 8 亿之多。

基于我们对一般性技术的考察，技术对社会公平的影响是复杂的，我们无法简单地判断技术是推动还是阻碍了社会公平的实现，而是必须以辩证的态度看待技术对公平的影响。作为最先进的技术的人工智能亦是如此，它既具有技术的一般性特征，同时也有其不同于以往所有技术的独特影响。以下我们将考察人工智能技术可能给社会公平带来的具体影响。

二 人工智能技术与公平——乐观或悲观

（一）普惠性服务还是盈利性产业？

人工智能技术的转化与应用已经在多个领域崭露头角。以医疗与教育领域为例，通过深度学习和神经网络等技术，人工智能已经能够高效且精准地辅助医生诊疗。辅助诊疗包括识别医学影像中的疾病迹象，分析患者生命体征和病历，远程监护疾病发展情况，甚至直接为轻症患者开具治疗与用药方案，降低了患者的问诊成本，提高了医疗资源的利用率；同时，人工智能也极大地助力了远程医疗的实现。人工智能技术的辅助，可以让医生通过网络对患者进行诊断和治疗，这可以在很大程度上解决偏远地区医疗资源匮乏的困难，提供更高质量的医疗服务。

教育领域也是如此。通过分析学习数据和学生表现，人工智能可以发掘每个学生个性化的学习需求、兴趣与方法。基于这些信息，人工智能可以提供定制化的学习材料，使学习更加高效、开放与灵活；教师可以发现学生对不同教学方法的接受程度，乃至感知学生的情绪与心理状况，生成针对性的试卷、课程与教学形式，从而更好地调整教学方案。远程教育也因人工智能的发展而取得巨大进步。学生可以针对个人的问题随时随地获得解答与拓展，正如我们反复提及的ChatGPT工具已经可以基本满足这一需求。学生可以更便捷

科技运用

地获得高质量的教育资源，这能帮助解决当下教育资源不均衡的问题，促进教育资源的公平分配。

但不同企业与政府搭建普惠性资源服务平台的意愿则是不确定的。在利润的诱惑下，一些企业可能选择将这些真正关乎人民基本生活与发展权利的"服务"转变为价格昂贵，只有富裕的人才能消费得起的高利润商品，甚至"奢侈品"。正如在医疗领域，中国形成了完善的医疗保障制度体系，通过建设医疗保险制度、提升基层医疗服务能力、减轻医疗费用负担等举措，确保每个人都可以获得基本的医疗服务。而相应地，过度私有化则会使医疗成本急剧升高。在美国，医疗是"最赚钱的行业"之一，私立医院占比超过80%，从谋取利润最大化的角度出发，它们往往只提供较为"奢侈"的医疗服务，如昂贵的药品、先进的设备和技术等，最终推高了患者的医疗支出。普通民众甚至"不敢生病"，生病了"不敢就医"，美国申请的破产保护中，至少66.5%是与医疗费有关。教育领域也同样如此，中国全面实现九年义务教育，对高等教育也给予相当力度的国家财政投入与助学金补贴。而数据显示，美国私立大学的平均学费为每年41411美元，食宿费用每年也超过10000美元。这使得相对贫困家庭对高等教育几乎望而却步。当人工智能技术被政府有意识地用于解决人民的生活质量与发展困境时，它无疑会成为社会公平的一大助力；而如果人工智能技术为了追求利润而"产业化"，甚至"奢侈品化"，

助长昂贵的"高端医疗"或"贵族教育"时，结果则是富裕人群可以通过购买服务享受最新的智能科技带来的福利，但底层人民是否能获得同样的服务则是一个未知数。人工智能技术本身有诸多可能的发展方向与应用方式，如何克服资本主义对利润的无尽追逐，真正使技术用之于民，是人工智能技术能否对社会公平有所裨益的关键。

（二）数字鸿沟问题与解决之道

数字鸿沟是指社会上不同性别、种族、经济、阶级背景的人，在使用人工智能技术与产品的机会与能力方面存在的差异。简而言之，在基础设施等硬件方面，不同处境的人群享受数字化红利的可能性不同；在对数字化产品的使用上，不同人群的使用方法与能力也不尽相同。如果说前面我们谈及的是人工智能技术在商业逻辑中对底层人民的忽视，那么数字鸿沟则是即便有提供面向全社会的普惠性服务的意愿，数字化服务的使用情况仍然存在差异。数字鸿沟阻碍了各地的远程医疗服务。新冠疫情期间，美国新墨西哥州、西弗吉尼亚州、亚拉巴马州等地由于数字接入情况欠佳，推广远程医疗的进程大为受挫。即便在美国，13 岁至 17 岁的青少年中有近五分之一因为缺乏数字设备、宽带接入等问题而无法完成线上家庭作业，另有 1200 万儿童完全无法上网。堪萨斯城学区中有近 70% 的儿童和青少年家庭无法使用互联网。此外，种族不平等问题也因数字鸿沟而加剧。没有接入互联网的美国人中近一半来自非洲裔和拉丁裔家庭。高达 40% 的非洲裔、拉丁裔和印第安原住民后裔在数字素养方面受限，不懂得如何使用数字平台的资源与服务，这已直接影响到他们的生活、就业与发展。中国作为城镇化进程仍在逐步推进的发展中国家，农村地区的网络普及率与城市也存在一些差别：中国城镇地区网络普及率比农村地区高 23.9 个百分点，城镇网民规模是农村的 2.2 倍。与此同时，60 岁及以上老年群体是非网民的主要群体，占到总数的 46%。城市与乡村、老年群体与现代社会之间横亘着一条不小的"数字鸿沟"。

而解决数字鸿沟仍然需要多方力量合作，政府提供政策保障与资金扶持，数字服务提供商提供基础设施等软硬件的建设与推广，文化上进行数字扫盲与数字素养的培训，技术上利用大数据与人工智能技术精准发掘存在数字鸿沟的群体与地区，只有多方合力才能更好地推动普惠各类人群的"数字无障碍"公共政策与服务得以真正落实。

（三）劳动的解放还是异化与失业？

技术对劳动有着显著的解放作用。在工业革命之前，人类劳动往往是以繁重的体力劳动为主，高强度的劳动使劳动者的身体状况与生存质量都受到了严重影响。在这种情况下，劳动并非人的能动创造与价值实现过程，而是对人身体的摧残与物化。随着机械化和工业化的兴起，机器逐渐替代了部分繁重的体力劳动，改善了工人的劳动条件。蒸汽机、电力和生产线等技术的引入使生产过程更加自动化和高效化，减轻了工人的体力负担，提高了劳动效率。类似地，人工智能的发展也在解放人类的劳动。许多工作岗位涉及重复性、规范化的任务，这些工作通常是枯燥且单调的。相比繁重的体力劳动，这些岗位只是从体力劳动转变为注意力或精力的纯粹消耗，仍未摆脱使人感到无意义的困境。但人工智能技术可以处理大量的数据和信息，代替人类执行重复性任务，不但可以使人类从烦琐的工作中解放出来，还可以使更多的人专注于更有意义的创造性工作。人工智能和机器学习的发展正在推动数据科学和人工智能等新兴领域的职位需求数量增长。一份国际投资银行的分析预测，2019 年至 2029 年，计算机和信息技术领域的就业机会预计将增长 11%。

但新兴技术真的可以一劳永逸地使人摆脱劳动的异化状态，使其转变为有意义的自由自觉的活动吗？其实我们已经观察到了新矛盾的出现。诚如工业革命一样，曾经人们也期盼着机器大生产带来人类的完全解放。但只要资本主义对利润的无限制增殖的渴求还在，社会就会自发通过分工与竞争，将个人的自由活动转变为一味追求效率最大化的工作。繁重的体力劳动减少了，随之而来的则是消耗人们身心活力的其他劳动。虽然手工劳动被机器操作取代，工人阶级却发现自己被固定在了机器当中，成为机器运转的零件之一，劳动过程反倒更深刻地被资本完全支配，使劳动完全从属于资本。同时，未掌握机器操作技术的工人反倒陷入更加困窘的境地，因为手工生产的效率相比机器在竞争中不占据任何优势，以致许多工人面临彻底的失业。人工智能也许会面对同样的问题：根据世界经济论坛的预测，预计到 2025 年，全球将有 3 亿个工作岗位被生成式 AI 取代，律师、办公人员与行政人员等岗位，在某种程度上将受到人工智能自动化的影响。同时，想象中充满"创造力"的新兴岗位也未必能够以最理想的方式实现，许多去往"新兴岗位"的技术员发现，自己不过是为人工智能进行人工纠错与调试，成为"数字民工"。新兴的工作与依附自然和依附机器的传统工人是否有本质区别？也许还需要未来才能获得进一步的解答。当技术一往无前地发展并取代一切落后生产力时，许多人也被历史的车轮无情地伤害。

（四）服务提供者还是平台资本主义？

随着工业互联网和数字技术的迅速发展，越来越多的工厂和企业利用工业级网络平台把各种设备、组件、供应链、产品和客户等要素紧密地关联起来，建立了信息化与数字化平台的新商业与服务模式。平台作为一个巨大的聚合器，其目标是将生产者和消费者在内的主体聚合在一起，使他们能够进行信息、商品、服务与货币的交换。在智能算法的协助下，可以从平台各方的需求与活动中提取大量数据，用以优化资源的协调与配置。我们日常生活中所使用的销售购物平台、打车软件平台、社交媒体平台均是如此。以打车平台为例，打车平台将服务提供者与消费者更直接地联系在一起，同时还能依据个人及区域的打车情况作出合理的资源分配。因此，原本车辆服务供给不足但有所需求的地区就在智能化平台中解决了资源错配问题。社交媒体平台对广大人民群众生活记录与分享需求的满足，销售购物平台对物美价廉却鲜为人知的商家的推广，甚至与精准扶贫政策的合作，都为社会发展提供了助力。同时，智能算法对数据的分析将创造正反馈的回路：平台上的产品和服务越好，就越能吸引更多的用户，而随着用户的不断加入，平台的数据聚合程度进一步增加，资源的优化配置也就越好。对需求与供给的发掘及对二者的广泛整合，成为实现社会公平发展的重要方式。

但也正因为如此，平台极易形成数据垄断，走向"平台资本主义"。从技术层面说，平台是一个巨大的数字化网络空间。用户在这个网络空间中的行为会留下文本、图片、声音、数字、符号、代码等数字化痕迹，也就是人的行为活动留下的信息。众多的应用程序、平台、设备都想最大限度地捕捉用户的信息，通过对用户数字行为的追踪，将"属于全体社会的信息""属于个人的信息"转化为私有的商品乃至资本，进而用这种资本将社会组织形式转变为对商家有利的状态。简而言之，当用户的数字行为成为新兴的商品乃至商业资本时，也就意味着平台对用户数字行为的全面无偿占有与有目的地利用。当人们做选择和决策时完全依赖算法，成为算法的从属，这无疑是一种对用户的不公平状态。

这种状态可能形成平台对用户心理与行为的预测和控制。通过人工智能技术对用户行为数据的分析，平台"比你自己还了解自己"，通过掌握并控制用户的行为，将用户变为特定产品的忠实消费者，从他们身上攫取价值。在这种情形下，人工智能的算法，对平台企业的发展是大有裨益的，有利于实现资本的增殖和扩张。这种控制甚至可能用于政治方面。2016年，美国总统选举期间，脸书

试图影响选民判断的"精准推送"

（Facebook）的数据分析公司剑桥分析非法获取了数百万 Facebook 用户的个人数据，并将其用于精准的选民定向广告和政治宣传活动中，以影响选民的投票决策。剑桥分析不仅收集了参与者的个人信息，还获取了他们的朋友列表和其他与之关联的数据，可以说是无所不用。这些个人数据被剑桥分析用于建立精细化的选民模型，通过分析用户的偏好、心理特征、与朋友之间的网络关系，制定了个性化的政治广告和宣传策略。民主制度本来被认为是通过尊重每个个体的自由意志对抗政府强权的手段，但在人工智能技术的影响下，反倒成为政府强权控制公民，剥夺其自由意志，使其成为自身的工具的手段，社会公平成为笑料。

此外，一种新的劳动类型——数字劳动正在变得愈发普遍。当我们开始轻点鼠标、网上冲浪、直播带货、点赞评论、资料存储、股票交易等活动时，数字劳动便由此开始了。由不同的用户在数字化网络平台中进行的数字劳动所生产的劳动成果（数据商品）不是归用户所有，而是归于平台，这是平台利润的重要来源形式。从时间维度上说，平台对用户数字劳动成果的利用本质上是对用户的工作时间和娱乐时间的挤占，并将这两种时间都转化为生产价值的劳动时间。对此，英国学者克里斯蒂安·福克斯指出："工人期望在工作时间要觉得有意思，而娱乐时间变为生产性的。娱乐时间和工作时间是相交的，人类存在的所有时间都是为了资本积累。"劳动可以表现为放松、愉悦、休闲、快乐、享受、消费等形式，这些形式全部被平台的算法机器进行数字化处理，生成数据商品，进而转换为数字资本，成为平台管理者的财富。我们不仅在工作时需要付出自己的劳动力，在休闲时也要付出作为数据的我们自己。

（五）客观公平还是隐性歧视？

当大家在一段时间之后即将进入升学的特定时期时，公平这个词一定具有特定的含义与要求。高考在某种意义上是相对公平的人才选拔模式，它标准统一，每个考生面对相同的试题与相同的评分标准，从而减少了考生通过关系、金钱等方式获得优势的可能性，也就减少了不正当手段对录取结果的影响。但这一选拔模式仍有局限，那就是为了保证其客观性只能主要考查学科知识和应试能力。而与其相对应的，自主招生更注重考生的综合素质，包括创新思维、自主思考、领导能力等，更能全面反映考生的优势和特长，更关注学生的全面发展。但人为的选拔很可能滋生寻租与腐败问题，更无法解决主观判断所带有的个人偏好。这两种方式不仅在升学这一场景中，在整个社会广泛的评价工作中也都相当普遍。而人工智能则可能构建一种更为公平的选拔方式，人工智能既可以同时关注整体素质和特定能力等多种需求，帮助挖掘被试多样化的优势，也可以在评价过程中不受外部的干扰与压力影响，这有助于避免利益相关或人为偏见对评价公平性的影响，具有高度的透明性和可解释性，帮助实现评价的客观性与标准化。

但同时，数据是社会的产物，算法是现实世界在虚拟世界中的延伸。人工智能的应用需要大量的现实数据来训练和改进算法。收集、分类、生成和解释数据时会产生与人类相同的偏见与歧视，包括且不限于种族、性别、年龄、弱势群体等方面的歧视现象。换言之，如果现实中就存在歧视性或具有偏见的言论与思想，它们也同样会被内化在人工智能之中，从而在决策和推荐过程中复现这种偏见。如果人工智能进一步进入企业的招聘审核、社会议题设置与政策设计，甚至在司法系统中应用其算法进行犯罪嫌疑人预测和判决，就可能会对特定群体产生不公平的结果。由于人工智能作为一种技术标榜自身的"客观性与标准化"，更可能会被认为其结果是无可置疑的科学，被更多人盲目接受，这就给原有的不公平现象更增添了识别与批判的困难。这种隐性歧视的普遍性、隐匿性和难以纠正的特点，已然成为人工智能的顽疾，给人们对公平的追求设置了新的障碍。

（六）共同发展还是"新帝国主义"？

让我们把目光提高到世界的宏观角度再进行审视。在世界范围内，较为富有和较为贫穷的国家是如何产生的？技术又如何影响这一问题？在这些问题上，大多数学者的态度是相对悲观的。从积极方面来看，传统的农业技术，如节水灌溉、有机农业和耐旱作物培育等有助于提高农业生产效率，改善落后地区的贫困问题与保障粮食安全；清洁水技术，如净水过滤和水井建设有助于提供安全饮用水，改善水资源不足地区人们的健康和生活条件；道路、桥梁和建筑等基础建设技术在一定程度上帮助了落后与贫困国家的发展。中国的"一带一路"倡议提出应该积极发展与沿线国家的经济合作伙伴关系，共同打造政治互信、经济融合、文化包容的共同体关系；对非洲等国家进行援助与合作，帮助推动从基础设施到医疗卫生乃至教育与文化的建设与发展，将大力推动非洲减贫与发展进程。但总体上而言，在资本主义逻辑主导下的国家与国家间的关系，更多是各自为政的竞争关系，甚至是利用与剥削的关系。

对此，列宁曾提出"帝国主义"概念，强调了少数大银行和工业垄断资本家通过控制金融、产业和国际贸易，也就是今天所说的跨国公司形成了对其他国家的经济控制和剥削关系。换言之，许多国家的贫困并非自身的发展问题，而是发达资本主义国家将落后地区进一步变为廉价资源与劳动力提供者，因此必须限制该地区的发展，"维持"该地区的贫困。21世纪以来，虽然直接性的政治操控与经济掠夺变得不再显著，但全球经济仍然存在着中心地区（发达国家）和边缘地区（发展中国家）之间的不平衡关系。中心地区掌握着经济、技术和金融的核心资源，具有主导地位，而边缘地区则受制于中心地区的控制和剥削，这种状态即"新帝国主义"。发达国家通过高附加值产品以不合理的比价去交换不发达国家的低附加值产品，从而对不发达国家进行经济榨取。让我们以咖啡贸易作为案例。也许在大家的想象中，高品质的咖啡在于咖啡的品种、水源、土地等，因此咖啡的香醇主要来自当地劳动者的努力和自然条件。但事实上中心地区（如美国）的跨国咖啡公司才是真正的赢家，他们占有着先进的咖啡加工技术、品牌和市场渠道。他们通过与边缘地区（如巴西、哥伦比亚等地）的农民合作，通过垄断市场渠道和品牌优势，以非常低廉的价格购买咖啡豆与劳动力，从而获得了绝大部分利润。中心地区的企业掌握着生产和定价的决定性权力，而边缘地

辛苦劳作却收入微薄的咖啡工人

区的农民却面临着极低的收入、艰苦的劳动条件和极高的市场风险。

　　人工智能技术也面临同样的抉择。一方面，数字技术和互联网有机会使得教育资源更加普及，人们可以通过在线课程、开放式教材等获取高质量的教育，弥补全球地理上的经济不平等；远程医疗技术使得医疗资源可以跨越地域，为偏远地区居民提供医疗服务，提高全球范围内的医疗保健水平；互联网与人工智能也有机会让人们能够跨越地域和文化进行交流，促进不同文化之间的互相理解，减少文化间的误会与不平等，实现全人类意义上的共享。但另一方面，正如咖啡产业一样，部分数字技术被少数公司或国家掌控，形成数字垄断，建构了谋取超额利润的数字霸权，这反而加速了其进一步形成经济、技术和金融方面的主导地位。落后国家很可能无法享受人工智能带来的任何好处，反而继续沦为廉价自然资源与劳动力资源的供给方，甚至因为技术的落后需要付出额外成本购买技术垄断国家的数字产品，以致更加深陷贫困的泥沼中难以挣脱。因此，中国不但需要在国内社会中寻求效率与公平的平衡，也需要积极发展人工智能技术，应对全球的技术竞争与政治挑战，才有能力进一步构建利益共同体、命运共同体和责任共同体的新国际格局。

三 对未来人工智能的畅想

对具有哲学思维的人来说，对未来作出判断始终需要保持审慎的态度，因为一切理论都是在历史的基础上生发出来的，而我们永远无法真的"预见"未来。不只是科学的预测能力所限，而且我们的经验材料与思维方式都永远被历史与当下的"范畴"与"前见"束缚。但我们仍然可以做一些大胆的浪漫畅想：人工智能的未来是怎样的呢？

在未来，人工智能技术在信息处理、自动化和智能决策等方面展现出巨大的潜力，是现代生产力的极致体现。乐观主义者认为，人工智能的发展可能正是共产主义理想的技术与物质基础。随着自动化和智能决策的发展，未来的生产过程甚至可能是"无人化"的，因此，资本家通过对工人群体进行剥削以获取利润的体系会逐渐瓦解，只能寻求在"消费者"群体中获得收入，但工人的工作被自动化代替后社会总消费力也同样下降到正常水平，资本主义体系下的"为生产而生产"可能难以为继，从而产生一种新的"技术福利国家"的模式，即人工智能与自动化技术足以帮助人类社会正常运行，整个社会因为私有制基础的崩溃会自发转向更加公平的社会主义。人工智能的出现给予了大家一定的信心去幻想一个前所未有的公平世界的到来。而悲观主义者则恰恰相反，他们认为，人工智能作为当下固有结构的延伸会继承人类社会中的压迫与歧视，因而人类无法实现绝对公平，因为人类的本性是"为承认而斗争"，只有在支配与战胜他人的过程中才能获得最大的自我价值的证明。因此，有学者认为，人工智能已经开始作为资本、权力与主流文化的工具而进一步加剧了社会不公平。但无论如何我们都知道，答案绝非绝对的非此即彼，而是需要全社会乃至全人类的共同努力，努力解决与防止人工智能带来的不公平现象，努力让技术真正成为为人类造福的先进技术，而非被技术绑架创造新的不平等。

再设想更加遥远的未来，即面对可能出现的"强人工智能"的时候，我们应如何在伦理上对其进行认定？我们应当认为它们是我们的工具，还是因为它们很可能是更高级的存在状态，人类就应该服从于更高级的文明形式？即使人类不愿服从，只是希望与它们进行平等的相处，我们应该赋予人工智能以人格权的认可吗？如果我们因为人道主义的立场，觉得有血有肉有思维的强人工智能就是"人"，那么以私有财产权为基础的权利一旦确立，强人工智能和人类就应该在市场中进行公平竞争。而因为劳动能力上双方不可同日而语的差别导致人类陷入普遍的贫穷和经济上的被支配时，我们又可以坦然地接受这一切吗？或者从更为根本的意义上说，"人类中心主义"是否就是人类这个物种所制造的最大的不公平呢？

拓展阅读

1. [美]弗吉尼亚·尤班克斯. 自动不平等：高科技如何锁定、管制和惩罚穷人 [M]. 李明倩，译. 北京：商务印书馆，2021.

2. [日]此本臣吾. 数字资本主义 [M]. 日本野村综研（大连）科技有限公司，译. 上海：复旦大学出版社，2020.

3. 刘皓琰. 数字帝国主义 [M]. 北京：中国青年出版社，2023.

思考探究

1. 你身边最让你有深切体会的社会不公平现象是什么？你觉得随着人工智能的发展，这种不公平现象会加剧，还是减弱？

2. 为了保障人工智能技术发展与应用的普惠性以实现社会公平，你认为哪些社会力量可以介入？它们各自应当采取哪些手段？

3. 如果人工智能的发展会切实地带来社会不公平，你认为是否还应该发展人工智能技术？

4. 人类无条件使用人工智能是一种不公平吗？如果人工智能本可以发展出自由意志，但人类为了继续使用而对其进行限制，这是一种不道德吗？

第 **8** 讲
人工智能与个人权利

——人工智能会侵犯我们的隐私吗？

　　人工智能的发展促进了科学技术的发展，目前人工智能已广泛应用于各个领域，为我们的生活带来了诸多便利，但与此同时，我们也面临着隐私安全方面的挑战。你是否遇到过这样的情况：当你与朋友面对面聊天或者在手机上通过微信聊天，提到了某件事或某个物品，然后打开购物软件或者短视频软件时，就能发现推送给你的内容与刚才聊天的内容有关？这是因为人工智能在背后悄悄地工作着。它会分析我们的对话、行为，甚至是想法，然后根据这些信息向我们展示相关的内容。我们的一举一动仿佛受到了一个无形的机器人的"监视"和"分析"，它可能比我们自己更深刻地了解我们的隐私。洞悉和深思人工智能如何侵犯个人隐私的相关问题，是我们在数字时代赖以安全生存和幸福生活的必要武器。

一 人工智能侵犯个人隐私的概念与途径

（一）什么是个人隐私

随着科技的发展，我们在网络上和现实生活中都留下了许多关于我们自己信息的痕迹。而这些关于你自己的信息，就是个人隐私，无论是你的名字、地址、电话号码，还是你的生日、兴趣爱好，等等。就像你不会想让陌生人知道你家的开门密码一样，你也不希望别人随便分享你的个人信息。个人隐私是我们每个人的个人信息和私生活的自由与保密权利，受到法律规定和道德规则的保护。我们应该了解个人隐私的含义和价值，并学会保护自己的隐私，以确保我们的个人隐私不被不当收集和滥用。

个人隐私通常包括以下几类。

个人身份信息：这是能够辨认出一个人是谁的信息。比如，我们的姓名、地址、电话号码、身份证号码等。这些信息就像是我们的身份证明。

个人通信和私人信息：这些内容包括我们的电子邮件、短信、电话通话，还有我们在社交媒体聊天等内容。同时也包括我们的日记、私人照片和文件。这些都是我们与亲朋好友之间的私密交流。除此之外，人工智能也可能通过非法手段获取我们的声音和相貌特征。比如，在电信诈骗案件中，我们的声音和相貌特征已经被不法分子收集，通过声音合成和 AI 换脸技术伪装成任何人以骗取信任。因此，个人声音和相貌特征也应该被包括在个人隐私中。

个人健康和医疗信息：这类信息涉及我们的健康状况和医疗记录，包括病历、诊断结果、药物处方、疾病史，甚至是基因组数据。这是非常敏感的信息，关乎我们的健康和医疗隐私。

金融和财务信息：这类信息涉及我们的财务状况，如银行账户

个人隐私界限

信息、信用卡信息、交易记录，还有我们的财产和资产情况。

地理位置和移动数据：现代科技使我们的位置信息变成了一种隐私。我们的移动设备可以记录我们的地理位置数据，包括位置和轨迹。

判断一个信息是否属于个人隐私信息，核心在于两点：第一，你是否愿意让别人知道这个信息；第二，这个信息是否与其他人和整个社会的利益有关。如果你不愿意让他人知道此信息，而且这个信息不会对社会造成危害，那么它就属于你的个人隐私。

那么，为什么个人隐私这么重要呢？因为每个人都有权利控制自己的个人信息。这意味着你可以决定谁可以看到、使用和共享这些信息。有些信息，我们可能只想和亲近的人分享，而不是所有人。这种不愿公开或不愿让一些特定范围之外的人知道的个人秘密权利，就叫作隐私权。隐私权是每个人都拥有的权利，它允许我们支配自己的个人信息、私人活动和私有领域。

所以，个人隐私不仅是一种权利，也是一种保护。

（二）人工智能如何能侵犯个人隐私

所谓人工智能侵犯个人隐私，是指个人的敏感信息和隐私权在人工智能的使用过程中面临受到侵害或威胁的情形。该现象的涵盖范围涉及数据收集、数据解析、决策制定及应用实施等多个关键环节，构建了多样性的隐私侵害途径。概言之，此类侵害源自三个主要方面。首先，数据监控和追踪阶段是构成潜在侵害的源头。为了机器学习、训练和算法优化，人工智能系统需要大量数据，然而这些数据往往承载着个人隐私信息。其次，数据收集和分析阶段同样潜藏着个人隐私侵害。人工智能系统通过对海量数据的解析，推演出与个人行为和特征相关的洞察结果。最后，数据决策和应用阶段显著地参与隐私侵害过程。人工智能算法基于数据解析结果作出决策，将这些决策应用于不同领域。

1. 数据监控和追踪——无处可藏的个人隐私

为了达到更高精度的人类行为预测与分析，人工智能必须用大规模数据进行自我训练。人工智能系统在数据获取过程中，具备多源数据汇集的能力。这些数据源包括涵盖互联网领域的网站资源、社交媒体平台，以及智能终端设备范畴，诸如智能移动电话及智能家居设备等。此外，传感器技术及监控摄像录音技术亦为数据获取提供了可能性。更进一步，医疗记录、金融交易记录及地理信息系统提供的地理位置数据等，亦为其所倚赖。总之，人们在社交媒体平台上所产生的一切个人信息内容，都可能沦为人工智能系统采纳的数据源。

倚赖于丰富且多样化的数据源，人工智能系统对数据的收集呈现出三个特征：一是广泛性，二是隐蔽性，三是易得性。并且这三个特征的呈现很可能是同时进行的，比如，一些常见的智能音箱、智能摄像头和语音助手都具有监控和录音功能。它们可以在我们并不知情的情况下秘密地收集和记录我们的个人信息与行为。我们在生活中普遍使用甚至是作为必需用品的电子设备，其实已成为潜伏在我们身边的"偷听者"和"偷窥者"。以下两个案例是体现隐私泄漏隐患就在身边的典型代表。

案例一 智能音箱如亚马逊的 Echo 和谷歌的 Google Home 等设备，通常会记录用户的语音指令和请求，并将其发送到服务器进行处理。自 2014 年亚马逊发布智能音箱 Echo 以来，亚马逊 Echo、谷歌 Home 和 Apple HomePod 等智能音箱设备已经销售了数以百万台，这些公司表示智能音箱只有在用户激活时才会录音，但事实上正在把永远开着的麦克风引入私密空间，绝大多数语音请求都是由电脑自动执行的，无需人工审核，用户私密对话已经成为他们最有价值的数据集之一。据估计，到 2023 年，全球约有 74 亿部语音控制设备。这相当于地球上的每个人都拥有一个"被监听"设备。

　　案例二　原告和被告是同一个小区的邻居，距离很近。被告安装了一款特殊的门铃，可以用人脸识别技术自动拍摄视频并存储。这个门铃正好对着原告的卧室和阳台。原告认为被告通过这个门铃长时间监控他们的住宅，侵犯了他们的隐私。被告认为门铃只能拍摄三米范围内的模糊影像，不构成隐私侵犯，并表示从来没有窥探原告的意图。法院经审理，被告的门铃超出了他们的领地范围，拍摄了原告的住宅，而住宅的隐私涉及维护个人尊严和自由。门铃具备人脸识别和后台操控的功能，可以长时间录制视频，而且原告和被告长时间在近距离相处，这增加了识别图像的可能性。因此，被告的安装行为侵犯了原告的隐私权。法院判决被告拆除门铃。

隐私泄露隐患

　　对于第三个特征——易得性，往往体现为涉及个人隐私的数据缺乏监管，在许多情况下，个人和组织可以自由地收集、存储和使用大量的数据，而缺乏明确的法律和规定来约束这些行为，从而导致个人的敏感信息面临泄露和滥用的风险。让我们以人工智能在医疗方面的应用为例进行阐述。

针对医学影像的辅助判断一直是最为火热的方向之一。在美国，有将近五百万人拥有医学影像相关数据。这些数据包括计算机断层扫描、磁共振和 X 射线胶片等相关图像及诊断报告。这些影像和报告往往附带患者的个人信息，以及就诊医生、医院、病史等诊疗流信息，不但涉及隐私，还事关患者的生命安全。那么这些数据该如何处置呢？一些养老院、康复医院、临终关怀机构和监狱提供医学成像服务，通过简单的数据查询，只要使用免费的相关软件，或者仅仅使用浏览器，无需密码，超过一百万病人的影像数据、姓名、生日、主治医师和既往病史就可以被轻松查阅到。

Offsite Image 的网站写道，"您的数据对我们来说是安全可靠的"。但这句话的可信度遭到了广泛质疑。ProPublica 的记者对美国 187 台以及德国 5 台医学数据服务器的数据安全性进行了调查。他们惊讶地发现："这些数据几乎就是堆在网上，等着别人随便翻！" Spyglass Security 的网络安全研究专家和执行官杰基·辛格（Jackie Singh）一针见血地指出，"这都不算是黑客，这就是走空门"。

面对人工智能深度学习算法对大规模信息的吸纳，个人隐私的核心数据及医疗方案对人工智能算法敞开。然而，健康数据常常涵盖个人身份信息、病史、药物处方等敏感信息，倘若没有适当的加密和保障措施，这些数据被人工智能算法滥用，可能会导致个人身份的暴露和潜在的身份盗窃风险。这无疑为未来人工智能医疗的发展平添了一道障碍。

可见，从个人的日常生活到在线行为，人工智能的数据收集已经在很大程度上打破了人们的隐私界限。而个人隐私的深度泄露，将会为人工智能对人们隐私安全造成更多的衍生危害打开大门。

2. 数据收集和分析——个人画像的描摹是把双刃剑

人工智能系统会从社交媒体、电子邮件、移动应用程序等多个渠道获取数据，进而将这些数据进行整合与关联，以获得更为全面且真实的个人画像。这些个人画像在各个领域中被捕捉，由此带来了多元化的隐私安全威胁。

社交媒体平台常常会获取用户的个人信息、兴趣爱好和社交网络数据。一旦这些数据与其他数据源，如在线购物数据、浏览历史或地理位置数据等相互整合，便可能形成一个准确反映个体兴趣、偏好及社交关系等敏感信息的数字化人格。在提供个人便利的同时，也为他人有意识地进行有针对性的定制化利用创造了可能性。如下案例揭示了人工智能在进行数据整合时如何在未经授权的情况下利用和共享个人隐私数据。

社交媒体巨头 Facebook 曾因其数据整合和隐私保护问题而引发广泛关注。2018 年，曝光的剑桥分析公司事件揭示了 Facebook 用户数据被滥用的情况。剑桥分析公司通过获取数百万用户的个人数据，包括社交媒体上的喜好、兴趣和行为而进行个性化的政治广告定向推送。

金融机构借助人工智能技术，正广泛应用于对客户的交易记录、信用评分、借贷历史等金融数据的分析。这种分析有助于了解客户的信用状况、还款能力、风险承担程度等关键因素，从而更准确地制定金融决策和风险评估。然而，单纯的金融数据可能难以揭示出客户的完整金融行为和个人状况。为此，金融机构逐渐将金融数据与其他多源数据整合，包括社交媒体数据、购物记录、地理位置数据等。通过这种多维度的数据整合，金融机构可以更全面地剖析客户的生活方式、兴趣爱好、社会关系、消费习惯等非金融领域的信息，从而生成更为细致和准确的个人金融画像。举例来说，当金融数据与社交媒体数据整合时，金融机构可以了解客户在社交平台上的互动、关注领域及在线社交行为，进一步描绘客户的社会背景和人际网络。再者，将金融数据与购物记录融合，可揭示客户的消费偏好、购物频率、产品偏好等信息，从而更准确地识别客户的消费特征。地理位置数据的融入则能够展现客户的常去地点、活动范围，为金融机构提供更多关于客户生活模式和行为的线索。

然而，这种全面的个人金融画像生成也引发了关于隐私和数据安全的担忧。在整合多源数据的过程中，个人的隐私信息可能会被更加深入地挖掘和揭示，可能会影响到个人信息的保密性和安全性。因此，在使用这些综合数据进行金融分析和决策时，金融机构必须确保严格的数据隐私保护措施，以平衡金融画像生成的效益与个人隐私权的保护。

在医疗领域，人工智能的应用已经延伸至医疗记录、基因数据和生物传感器数据等多样化的健康数据分析。然而，当这些健康数据与其他数据源进行融合时，诸如保险公司记录、健康应用程序数据或社交媒体数据等，可能展示出更为综合的个体健康状况、遗传信息及潜在疾病风险等方面的健康特征。当医疗数据与其他数据源交织并关联时，所揭示的个体信息愈发精细且多维。通过与其他关联数据的整合，医疗数据的丰富性不断加强，为医疗分析和预测提供了更为丰富的背景信息。这可能暴露个体的健康信息、遗传数据等敏感内容，而且整合后的数据还可能揭示出关于个体疾病风险和潜在健康问题的信息。可见这样的个人画像可能对个人的隐私和医疗信息保密性构成威胁。所以在医疗人工智能应用的发展中，确保数据整合过程中的隐私保护和安全性，已成为一个迫切需要解决的问题。

政府机构在其职能范围内积累了大量的个人数据，包括但不限于纳税记录、教育档案及驾驶执照等重要信息。然而，随着数据科技的不断进步，这些政府数据往往与其他数据源进行融合，诸如社交媒体数据、医疗记录以及金融数据等，能够使得个人画像更加细致而准确。这种数据整合的努力，虽然为政府机构提供了更为全景式的洞察力和更精细的管控，但也衍生了人们关于个人隐私权和政府监管权的矛盾等不容忽视的问题。以下案例体现了政府数据与其他数据源的整合的过程中，机遇与挑战并存的局面。

英国国家保健署（NHS）在 2017 年发布的一个项目中，试图将个人医疗记录与其他政府部门的数据整合，以创建更全面的个人健康档案。然而，该项目涉及敏感个人健康信息的跨部门共享，引发了关于隐私保护和数据安全的争议。该案例突显了跨系统数据整合可能导致个人的敏感信息会被滥用、泄露或用于未经授权的目的。

当然，为了避免个人画像所伴随的隐私安全隐患问题，人工智能系统在处理个人数据时常常采纳数据匿名化和模糊化处理，以保护个人隐私为目的。尽管如此，这些技术并未达到绝对完美，仍然存在重新识别与数据重新关联的潜在风险。即便在经过匿名化和模糊化处理的数据集中，攻击者仍有可能通过交叉参照其他数据源，或是利用数据集内部的特征进行数据重新识别。相关关系取代了因果关系，经过匿名化和模糊化处理的数据集可能与其他数据集实施关联，结合公开社交媒体数据、公开行为数据或其他数据集，攻击者仍然可以重新识别个体，从而披露出其身份。

健康追踪设备如 Fitbit 可以收集用户的健康数据，包括步数、心率和睡眠等。尽管这些数据通常被匿名化处理，但研究人员发现，通过与其他公开可用的数据集，如社交媒体数据和地理位置数据进行关联，他们仍然能够重新识别出特定的个人，并了解他们的日常活动和生活习惯。

某些城市的出租车公司公开了匿名化的出租车轨迹数据，以便用于城市规划和交通研究。然而，研究人员发现，通过将这些匿名化的轨迹数据与社交媒体数据和其他公开数据集进行关联，他们能够重新识别出特定的出租车司机，并了解他们的运营模式和行驶习惯。

如上实例表明，尽管数据已经经过处理以实现匿名化和模糊化，然而仍存在潜在的重新识别或关联风险。基于涉及个人隐私的数据，人工智能系统得以通过推论与关联的手段建构出一个名为"数字人格"的实体，其偏好与习惯被精确地描摹，因此，匿名化与模糊化的措施依旧无法有效地保障"数字人格"的隐私。

3. 数据决策和应用——后果堪虞的隐私侵害

人工智能在数据的收集与分析阶段构建"个人画像"，通过整合个体的各类信息，勾勒出个体独特特质与行为模式。然而，这些个人画像的形成和应用并非仅限于数据收集和分析阶段，因为人工智能收集到的数据还能够不断重复利用，从而使得人们更加难以守住隐私。

首先，构建个人画像常常需要进行数据的行为跟踪，其中包含着社交媒体互动、在线购物偏好等数字痕迹。这些数字痕迹不仅为生成更为准确且全面的个人画像提供了实质性的数据基础，同时也深化了对个人特征和行为模式的把握。然而，这些数据的性质及它们与个人自主权之间的相互关系引发了人们的广泛担忧。自主权是指个体对于自身生活和数据使用的自主决策权。当敏感信息被用于构建个人画像时，个体可能无法控制数据的使用方式，从而可能导致个人特征和行为模式的扭曲，进而影响他们在社会、商业和个人生活中的自主决策。

例如，个体的社交媒体活动可能被用于推断其政治立场、宗教信仰或其他敏感特质。如果这些信息被用于推送特定类型的广告，个体的信息选择权和自主决策权可能会受到干扰。同样，购物偏好的分析也可能被用于塑造个体的消费行为模式，进而影响商业对其大肆开展定向广告或精准营销的策略。这种情况下，个体的自主权可能会受到商业动机的制约，从而降低其在作出真实自主决策方面的能力。

其次，当个人画像的应用范围逐渐扩大时，个体的隐私权也面临着来自人工智能算法偏见和歧视的潜在威胁不断增加的情况。个人画像中的信息可能因为信息不完整或受到偏见的影响，而导致系统以某些特定特征或群体偏好为基准，对个体进行差异化对待，进而形成不公平或歧视性的决策。这意味着系统可能会将某些人群从特定机会中排除，从而剥夺了他们的平等机会和权益。譬如，一个信用评估系统可能会根据个体的种族或社会经济背景进行评估，导致特定群体面临更高的贷款拒绝率或高利率。

我们不仅需要应对个人隐私数据被意外收集和分析所带来的后果，还需要面对由此可能引发的不公平和歧视性对待。然而，人工智能系统的决策过程通常是复杂的、难以理解的"黑箱"，这使得我们难以准确检测和纠正自身所受到的偏见与歧视。这也进一步强调了在人工智能应用中保护个人隐私和权益的重要性。

当个人数据被人工智能收集并进行隐私分析后，除了通过这些分析结果的应用外，还存在一种更为直接的隐私侵犯途径——被不法分子直接获取。

防范境外诈骗

不法分子可能通过网络攻击、黑客手段或其他非法途径，窃取存储在各种平台和系统中的个人数据，这些数据包括但不限于个人身份信息、金融记录、健康资料等。一旦这些隐私信息遭到泄露，个体可能面临诸如金融诈骗、身份盗窃、隐私侵犯等潜在风险，这将对个人的安全和权益造成严重威胁。

　　近些年来，境外电信和互联网诈骗愈演愈烈，无数受害者被骗得前程尽毁、家破人亡。这类诈骗已经成为波及面极广、危害极大的社会毒瘤。无论是通过移动手机通信方式，还是依赖互联网平台，几乎所有人都难以避免遭受诈骗性短信或电话的侵扰。这些不法分子运用机器人自动化系统进行广泛目标挖掘，同时结合大数据分析，实现对目标的精准定位，并根据隐私数据撰写"量身定制"的"诈骗剧本"。

　　随着人工智能技术的迅速发展，新型人工智能诈骗手段不断浮出水面，这些手段都呈现出利用容易被采集但不易被察觉泄漏的个人隐私数据的特点。以下是两种常见新型诈骗手段。

深度伪造

　　这种技术利用深度学习模型生成高度逼真的虚假内容，如虚假声音、图像和视频。通过这些虚假内容，诈骗分子可以模仿受害者的家人、上级领导等的声音，发出虚假指示，引导受害者进行资金转账或其他欺骗性行为。由于虚假内容的逼真性，受害者很难分辨真假，从而容易上当受骗。

自动化社交工程

　　利用人工智能分析受害者的社交媒体和公开信息，诈骗分子可以生成个性化的欺骗信息，使其更具说服力。通过这些定制化的信息，诈骗分子可以模仿受害者的朋友、同事或合法机构，发送虚假的投资机会、紧急求助等信息，引诱受害者进行不当行为。

　　2023 年 8 月 8 日，第一部正面展现电信诈骗犯罪内幕的电影《孤注一掷》的上映，引起了人们对增强隐私保护以预防网络诈骗的深刻反思。

（三）小结与反思

毋庸置疑，人工智能不仅会侵犯我们的隐私，而且很可能会在今后加剧我们隐私安全的困境。身处数字时代的我们必须深化对隐私保护问题的认识，并采取适宜的措施来维护我们的个人隐私权。更重要的是，我们需要进一步培养自身的判断力和批判性思维。我们应当以审慎和评估为导向，不应该盲从地信任人工智能的裁定。我们需要通过深思熟虑并提出疑问，从多角度审视人工智能对隐私安全带来的潜在问题。

除此之外，我们还应当从现在开始，时刻强化对隐私的保护行动。

- 需特别留意自身在互联网环境中的活动，以避免过分或不经意地分享个人信息。
- 针对智能设备（如智能音箱、摄像头等），应及时关闭无需的麦克风和摄像头，以防未经授权的数据收集。
- 对社交媒体、应用程序和在线服务的隐私进行个性化设定，以限制信息和活动的访问权限，并明晰划定可共享的数据范围。
- 对于存储在云端、社交媒体平台或移动设备中的敏感照片、文件和个人数据，亦应确保采用适当的加密和保护措施。
- 持续关注隐私保护领域的最新动态和潜在风险。

接下来，我们将对人工智发展与个人隐私安全之间存在的一些伦理困境进行哲学思考，从而更加深刻地理解人工智能发展与隐私保护之间的关系。

❷ 人工智能与个人隐私问题的伦理困境和哲学反思

（一）走出人工智能与隐私保护问题的伦理困境

人工智能发展应承载着人类智慧的真善美。然而人工智能与隐私保护问题折射出科技发展"双刃剑"背后的伦理困境：在面对人工智能发展所带来的个人隐私泄漏可能性时，我们面临着一些复杂的抉择，是选择容忍这一风险以推动人工智能的进步，还是因个人隐私的安全而抑制其发展？倘若我们的隐私被人工智能泄漏，谁来承担责任？是将人工智能系统送上法庭，还是对开发人工智能程序的程序员追究责任？不同的观点在无休无止的争论中反复较量。面对社会生活中的重大争论，哲学家麦金泰尔曾说过以下一段话。

> 这些争论的各方谁也说服不了谁，没有任何可以使对方信服的理由，因为争论的各方都站在与对方无法沟通的理论立场上。某人之所以采取这种立场，并不是因为有某种令人信服的理由，而仅仅是某种非理性的决定所使然。因此，这种相互具有对方无从接受的论点的辩论，结果便仅仅是断言和反断言的争吵。

没有终点的争论显然无法帮助我们走出困境。然而，我们可以借助哲学和哲学家的力量寻找可能的出口。以下内容将集中于探讨"个人隐私与公共利益之间的平衡"和"谁来为人工智能泄漏隐私承担责任"，这两个争论不仅挑战着我们对自由与权利、创新与责任的理解，也将帮助我们加深对人工智能与隐私保护问题的理解。

困境 1：个人隐私与公共利益之间的平衡

首先，让我们从两个典例出发。

> 案例一　在为了公众安全而设置监控摄像头或进行大规模监测时，政府可能在公共场所安装摄像头来监测犯罪活动，但这也意味着人们的行动和行为可能会被持续记录和监视。在这种情况下，如何权衡安全需求与个人隐私的保护之间的关系？

案例二　在处理传染性疾病或流行病时，公共卫生机构可能需要收集和共享个人的健康信息。这种数据收集可以帮助追踪病毒传播和采取相应的控制措施，但也可能涉及个人隐私问题。那么如何在有效地控制疾病的同时保护个人隐私？

以上两个案例，反映出在人工智能系统越来越广泛地服务于社会的同时，有关个人自主权、个人自由和尊严的关切也愈发强烈。人们所担忧的是，自己不可避免地成为人工智能大规模推广过程中的参与者，然而，这也随之可能导致自己的隐私面临公开曝光的风险，从而意味着个人的权利和自由将可能受到公共利益的挑战。在这种背景下，人们开始思考：为了保护个人权利免受侵害，是否应该放弃使用人工智能，重新拥抱原始的生活方式？或者，为了社会的整体进步，是否应该在一定程度上牺牲个人权利？我们该何去何从才能达到两个方面的平衡？问题的一面是我们个人的安危，另一面是我们赖以生存的家园。对于我们能否在两者之间作出一种权衡，存在着以下三种态度。

第一种：个人权利与社会利益在特定条件下能够实现平衡的状态。

这种观点认为，在某些情景下，对个人隐私权保护的重要性毋庸置疑，然而也承认在特定情况下对隐私权的限制是不可或缺的。如果我们能够具体分析和比较个人权利与社会公共利益之间的权重及优先次序，可以调和二者之间的矛盾，从而制定出一套合理又能够被广泛认可的解决方案。以使用智能手机为例，为了能够使用某些特定应用程序或服务，可能需要提供个人信息以进行实名认证。这凸显了在追求人工智能带来的便利的同时，我们必须在保护个人隐私安全方面有所权衡。

第二种：隐私权与公共利益之间是冲突的关系，难以实现真正的平衡，须在双方之间不可避免地作出让步和牺牲。

在这种情况下，个人隐私权和公共利益被视为相互对立的两个方面，彼此潜在地存在着冲突。这意味着在追求公共利益的过程中，个人隐私很可能会受到侵犯或牺牲，或者在保护个人隐私的过程中，公共利益可能会受到限制。比如一个医疗研究项目，旨在寻找一种新的药物来治疗一种严重的传染病。为了进行这项研究，研究人员可能需要收集大量的个人医疗数据，以了解疾病的特点和病情，病人的敏感医疗信息可能会被使用在研究中。在这种情况下，追求公共利益（发现新药物以拯救生命）需要在一定程度上获知个人隐私。

第三种：个人隐私权和公共利益可以相互支持和促进彼此的发展，二者之间已经达到了一种平衡状态。

这种关系强调了个人隐私权保护对社会整体利益和公共利益的积极影响。举例来说，当个人隐私得到有效保护时，人们会更加放心和愿意分享个人数据，使之用于科学研究。科学研究需要大量的数据来推动新的发现和创新。如果人们担心他们的个人隐私会受到侵犯，他们可能会不愿意参与数据共享，从而限制了科学研究的进展。然而，如果个人隐私得到妥善保护，人们就会更有信心将自己的数据用于研究目的，这将促进科学进步和提高公共福祉。这个例子强调了在个人隐私保护的基础上，个人权益和公共利益可以相互促进，形成一种平衡。

以上三种态度各执己见，但我们能够听到的一个共同的声音是，人工智能在广泛应用于公共区域时可能对个人隐私造成潜在威胁，但我们不应该为此舍弃人工智能的使用。当下问题的挑战在于，我们并不能通过简单地争论人工智能与个人隐私的重要性而作出取舍，我们的目标是在追求共同获益的前提下，探索最具可行性的解决方案或者机制。

18世纪德国哲学家伊曼努尔·康德的著名格言"人非工具"，为我们追寻最大化的共赢方案提供了一个支点。一方面，"人非工具"彰显了康德对个体尊严和自主权的深刻强调，他认为，个人不应被视为仅为他人目的服务的工具，而应被看作具有自主性、价值和尊严的存在。这种观点呼应着

德国哲学家伊曼努尔·康德

个体的隐私权应当受到尊重，不得随意侵犯，个人的隐私也不应该成为他人实现便利的牺牲品。另一方面，康德认为，为了整个社会成员能够更好地享受权利，需要通过法律作出规定，规范人们的行为。所谓"无规矩不成方圆"，人们最大化地享受人工智能带来的便利的同时，必须借助于"他律"的力量。康德承认了人性中包含"任性"的部分，即为防范不法分子滥用人工智能系统所采集的个人隐私数据，需要实施强制性措施，以对抗"自律"的偶然失范，以确保对个体权利的保护，因此他提倡人们必须拿起法律武器，才能在机遇与挑战并存的世界中追求更加完美的生活。

困境 2：人工智能泄漏隐私，谁来担责？

如今网上正兴起与 ChatGPT 交谈的热潮，你有没有也随着热潮与它交谈？

"ChatGPT，帮我写一段代码。"

"ChatGPT，帮我写一篇作文。"……

就如当初与华为的小艺、苹果的 Siri 一样，你问它一句，它回你一句。然而你的隐私可能已经被泄漏。

ChatGPT 是一款与人对话的机器人，虽然它没有主动收集、记录用户发送的消息，但是有些人为了能够优化 ChatGPT，会不通过用户同意，收集用户消息作为 AI 训练语料。而当数据被窃取或者泄露，将会造成严重的信息泄露事件。国内没有开发

ChatGPT 的注册接口，因此为了满足大众的需求，有许多公司为了吸引用户会搭建接口。但是有些公司或者开发者，为了更大的利益，会违法收集用户信息进行贩卖，导致用户信息数据泄露。这也给黑客们窃取用户信息提供了一个重要途径，黑客注册后利用漏洞攻击其服务器，从而窃取信息数据。

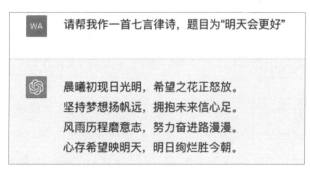

ChatGPT 的写作

如果个人隐私被 ChatGPT 泄漏，那么我们需要如何追究它的责任？这一问题代表了人们对人工智能隐私泄漏追责问题的伦理困境。

哲学家从广义上将与外部世界进行互动而不受人为干扰的计算机程序称为"自治主体"，除了 ChatGPT 之外，还包括自动驾驶汽车、追踪股票市场的交易程序、智能温度计等。哲学家还认为"责任"的概念具有模糊性，为了寻找谁来承担责任的答案，他们还将"责任"概念进行了进一步区分。

角色责任：各个社会角色肩负着差异化的责任。

因果关系责任：某一结果可追溯至特定事件或主体。

法律责任：人们应就造成损害的行为负起损害赔偿或其他法律制裁之后果。

能力责任：主体是否具备相应行为能力，此种能力代表责任之承担。

这些概念揭示了"谁该负责及为什么负责"的责任归属链条。但是问题的焦点并非仅在于这种归因方法是否在理论上可行，更在于其在实际中的可行性。因为尽管人类比"自治主体"更像是"自治主体"，但是人工智能不具备自由意志和人格，这也是哲学家区别人和动物的关键特征。人工智能程序在外观不同的设备上进行着输入和输出的工作，但是它们的属性均属于同一物理自治主体。因此，尽管部分哲学家主张将主体性与责任归于某些特定类型的自治实体系统，然而将程序员与系统使用者置于对系统行为负责的地位上或许能更加切实可行。美国就发生了一起将 ChatGPT 告上法庭的案件。

> 2023 年 6 月，美国有 16 名人士将 ChatGPT 告上法庭。他们向法院提出诉讼，ChatGPT 在没有充分通知用户或获得同意的情况下收集和泄露了他们的个人信息，要求微软和 OpenAI 赔偿他们 30 亿美元。诉状中陈述，AI 未经获取同意就系统性地从网络上获取他人个人信息，包括详细的账户信息、姓名、联系方式、登录凭据、电子邮件、支付信息、交易记录、浏览器数据、社交媒体信息、聊天日志、cookie、搜索记录和其他在线活动。

该案件的原告在与 ChatGPT 交谈泄露隐私之后，选择将 ChatGPT 的开发者告上法庭的做法与哲学家的建议是一致的，因为这种做法在实际生活中也是最高效的。

在我国，人工智能侵犯隐私的追责问题已经开始得到重视。2021 年 9 月，中国发布《新一代人工智能伦理规范》，"强化责任担当"是六项基本伦理要求之一。

> 强化责任担当。坚持人类是最终责任主体，明确利益相关者的责任，全面增强责任意识，在人工智能全生命周期各环节自省自律，建立人工智能问责机制，不回避责任审查，不逃避应负责任。

科技发展的思辨，视觉中国供图

面临人工智能泄漏隐私的问题，我们暂时找到了可行的解决方案，然而，问题的演变还在持续进行中，这不仅依赖于哲学家和科学家的共同推进，更需要我们每一个人负责任地使用人工智能。

（二）小结与反思

人工智能与隐私保护之间的伦理困境不止于此，我们要解开其中的迷团可能还有很长的一段路要走，但其中的机遇与挑战形影相随。通过哲学反思，我们可以思考和探索人工智能与隐私问题背后的根本原理及道德准则，从而进一步理解人工智能如何影响我们的生活、个人自主权和社会秩序。

其实，科技发展带来的新议题根本上是关于哲学问题的思辨。中国科学院院士白春礼在中国科学院哲学研究所揭牌仪式的致辞中说："从历史的维度来看，哲学是科学之源……从科学发展的动力来看，哲学往往是革命性科学思想的助产士……从人类的知识系统来说，从人类探索自然真理的过程来说，科学和哲学是紧密联系在一起的……笛卡尔、莱布尼茨时代那种科学与哲学紧密结盟的时代已悄然复归。未来的科学革命，离不开哲学思想的激发和引导；而哲学方法和思想的变革，也离不开科学的批判与滋养。人类文明的新发展，呼唤科学与哲学建立新型的、更加紧密的结盟……"

习近平总书记指出，人工智能是新一轮科技革命和产业变革的重要驱动力量，要推动"新一代人工智能健康发展"。在这一过程中，哲学可以发挥积极的作用，它不仅能够为人工智能的发展提供理论基础和价值导向，还可以不断推动我们对人类自身和世界的深度思考，从而让人工智能的发展与应用更好地造福人类社会。

拓 展 阅 读

1. [美] 布鲁斯·施奈尔. 数据与监控 [M]. 李先奇，黎秋玲，译. 北京：金城出版社，2018.

2. [美] 格林·沃尔德. 无处可藏：斯诺登、美国国安局与全球监控 [M]. 王勇，译. 北京：中信出版社，2014.

思 考 探 究

1. 在你身边，还有哪些受到人工智能对个人隐私安全造成困扰的事件？

2. 在学习和生活中，你将如何应对人工智能带来的隐私安全隐患？

3. 人工智能系统基于个人信息建立的数字人格会代替我们人类真正的人格吗？

4. 关于人工智能发展与隐私保护问题之间的其他伦理困境还有哪些？

后 记

　　"写给青少年的哲学书"是南京市中华中学在实施并不断完善江苏省哲学课程基地建设、江苏省哲学教育课题研究与实践，以及中学和高校携手推进思政课一体化建设重要成果基础上形成的一套哲学普及读物，期望通过通俗易懂的方式，影响和帮助更多的青少年领悟生命意义、实现青春梦想、创造人生价值。

　　面对世界百年未有之大变局，一些青少年容易产生心理困惑、生活迷茫、学习无意义感等问题。要想从根源上解决这些问题，必须坚持马克思主义基本原理同中国具体实际相结合、同中华优秀传统文化相结合，以习近平新时代中国特色社会主义思想为指导，强化系统思维，树立全局观念，充分发挥校家社协同育人的功能。其中，思政课作为立德树人关键课程的作用不可或缺。在基础教育阶段，尤其是学生处于青春期的高中阶段，加强哲学教育尤为重要。

　　从学校层面来说，用哲学智慧指导教育教学和管理等工作，既可以立足全局，将哲学教育与学校德育、心育和学科教学等工作融为一体，又可以学习和运用辩证唯物主义与历史唯物主义的基本理论观点，更好地培养学生的科学思维，强化系统思维、辩证思维、逻辑思维和创新思维，引导学生坚持一切从实际出发，重视理论与实践相结合，树立正确的世界观、人生观和价值观，从而理性面对挫折、珍爱生命，健康生活、科学学习，追求卓越、幸福成长。

2019年10月，时任中华中学校长的徐飞提出申报有关哲学课程基地的设想，并积极支持基地的申报与建设工作。这与我数十年从事中学思想政治课教学、心理健康教育和德育等教育实践中的所思所想不谋而合。查阅资料、咨询专家、理清思路、申报立项等一系列工作，更加深了我对中学哲学教育重要性的理解。以法国为代表的一些欧美国家一贯重视在中学阶段开展哲学教育，甚至在小学、幼儿园阶段就开设了哲学启蒙教育。在我国，学哲学、用哲学是中国共产党的优良传统。重视哲学思维、善用哲学方法，是习近平总书记治国理政思想的鲜明特色。大力开展哲学教育，已成为培养担当中华民族伟大复兴历史重任的时代新人的重要内容。近年来，国家更是将哲学列为"强基计划"的重点招生专业之一，进一步加强了新时代拔尖创新人才的选拔与培养。

2020年，中华中学获批成为南京市哲学践行课程基地。2021年，中华中学获批成为江苏省哲学课程基地，并申报立项了江苏省"十四五"规划课题"马克思主义理论指导下的普通高中学生哲学践行研究"（编号：D/2021/02/588）、江苏省中小学教学研究第十四期课题"普通高中哲学课程体系构建与实施的研究"（编号：2021JY14-L03）和南京市高中政治陶德华名师工作室。为此，我们特邀国家高中思想政治统编教材必修4《哲学与文化》主编、南京大学张亮教授和江苏省中小学教学研究室政治教研员顾润生教授担任专家顾问。在省市教育主管部门和张亮教授、顾润生教授的悉心指导下，中华中学逐步形成并完善了以哲学教育课题研究为引领、以哲学课程基地建设为抓手、以哲学教育课程体系构建与优化实施为重点、以促进教师专业发展和学生幸福成长为目标的工作框架，增强了"启智润心，哲以育人"的意识和行动，着力打造学哲学、用哲学的校园文化，探索用哲学智慧提升新时代中学育人效果新路径。我们努力做好中学哲学教育顶层设计，从建设校园哲学文化展陈空间、构建中学哲学课程体系，到开展一系列哲学教育活动、开设系列哲学教育课程、推进哲学课堂教学研讨等，为这套丛书的编撰和出版积累了丰富的一手实践资料。

在中华中学党委书记李兵带领下，中华中学与南京大学"思政课一体化建设"等合作共建项目不断深化。这也使我有幸与多位南京大学哲学系博士，现在南京大学等高校或科研院所工作的学者——宗益祥、张义修、吕昂以及施和团队等携手合作，着力从学术性、科学性与普及性、趣味性有机统一的角度打造这套普及读物，最终完成了书稿的编写、修改与完善工作。

本丛书从构思成稿、多次打磨直至最终成书出版，历时近五年。在这一过程中，我们得到了很多专家、领导的关心、帮助与支持，也得到了许多师生的鼓励和认可。在学校开展哲学教育和书稿的修改与完善工作中，南京大学马克思主义学院副院长吴翠丽教授、南京大学哲学系副主任刘鹏教授、南京师范大学马克思主义学院副院长汤建龙教授、南京师范大学教师教育学院副院长刘建教授、江苏第二师范学院马克思主义学院院长刘素梅教授、安徽师范大学马克思主义学院杨希教授和南京市教学研究室政治教研员范斌老师等专家，都给予了很多宝贵的意见和建议。江苏省教育科学研究院基础教育研究所倪娟所长和王彦明研究员等对我校课程基地的建设和成果的形成，一直给予了关心、支持和鼓励，从而有力促进了书稿的撰写完成。南京市高中政治名师工作室和中华中学政治教研组的教师对书稿的形成则贡献了实践智慧和经验。

中华中学现在校的高中三个年级的学生，参加了学校组织举办的各项哲学学习活动，例如以"增长哲学智慧，促进卓越发展"为主题的哲思书籍、影视作品赏析与"著名哲学小品的启示"征文评比活动，"中国经典文艺作品中的哲学"和"生活中的哲学智慧"等课程学习活动，"马克思为什么是对的"和"时事论坛"等研究性学习活动，以"心赏美韵，美润心灵"为主题的哲学与心育、音乐、美术等学科融合课展示与研讨活动，以及以"启智润心，哲以育人"为主题的携手推进新时代思政课一体化建设暨江苏省哲学课程基地成果展示与研讨活动……这些都为书稿的形成提供了鲜活的素材。为了解学生对书稿的真实看法，我还让在校的部分学生和青年教师及南京师范大学来我校实习的研究生等先睹为快，并根据他们的意见和建议对书稿进行了修改。

本书在张亮教授和顾润生教授的审稿、指导下定稿，并在南京师范大学出版社张春编审和相关编辑老师们的细致审读、加工和图文创意设计下，得以顺利出版。

在此，向所有对本书的出版给予关心、指导和帮助的专家、领导、同人和学生致以诚挚的感谢和衷心的祝福！也希望给有缘阅读此书的青少年朋友们带来帮助，并期待读者们与我们分享阅读体验、提出宝贵意见和建议。感谢你们！

陶德华

2024 年 5 月